Euripides — Das Ende des Krieges · Medea

Euripides

Das Ende des Krieges
(Die Troerinnen)
Medea

deutsch von
Alfred S. Kessler

Königshausen + Neumann
1984

Umschlagbilder: Peter Sommer

CIP-Kurztitelaufnahme der Deutschen Bibliothek

Euripides:
Das Ende des Krieges : (Die Troerinnen. Medea /
Euripides. Dt. von Alfred S. Kessler. — Würzburg :
Königshausen und Neumann. 1984.
   Einheitssacht.: Troades ⟨dt.⟩. — Einheitssacht.
   d. beigef. Werkes: Medea ⟨dt.⟩
   ISBN 3-88479-168-0

NE: Kessler, Alfred [Übers.]; Euripides [Sammlung ⟨dt.⟩]

© Verlag Dr. Johannes Königshausen + Dr. Thomas Neumann, Würzburg 1984
Aufführungsrechte beim Verlag Stefanie Hunzinger, Bad Homburg
Satz: Fotosatz Königshausen + Neumann
Druck und Bindung: difo-druck, Bamberg — Alle Rechte vorbehalten
Auch die fotomechanische Vervielfältigung des Werkes oder von Teilen daraus
(Fotokopie, Mikrokopie) bedarf der vorherigen Zustimmung des Verlags
Printed in Germany
ISBN 3-88479-168-0

Inhalt

Das Ende des Krieges 7

Nachwort von *Alexander Gruber* 105

Medea 113

Biographische Notiz 160

Poseidon
Athena
Hekabe
Kassandra
Andromache
Helena
Chor der thebanischen Frauen
Talthybios
Menelaos
Astyanax

POSEIDON
Ich bin ja da, der Gott.
Komm herauf aus der leuchtenden Tiefe
meines Meeres
in diese Finsternis.
Vom Tanz komm ich,
vom Spiel
meiner jungen Göttinnen.
Seit der Zeit,
da Apoll und ich diese
troischen Siedler gelehrt haben,
eine Stadt aus Stein zu bauen,
Mauern mit Türmen,
unerschütterlich,
uneinnehmbar —
gelehrt wie man mit Stein baut
zum Vorbild für ganz Asien —
seither liebe ich,
bin treu
dieser Stadt.
Ich, Poseidon,
Gott des Erdbebens und der
fruchtbaren Wasser —
kein Erdbeben, kein Feuer
hat je Troja zerstört.
Die Stadt, die jetzt Rauch,
Nichts wird,
vergeht und stirbt —
zerstört vom Heer der Griechen.
Der Phoker vom Parnaß, Epeios heißt der,
hat diese Kriegsmaschine,
Erfindung der Athene, meiner Nichte,
gebaut,
aus glatt-glänzendem Holz
das Pferd,
das verderbliche,
mit Toden schwangere

Götzenbild.
Dies Afterbild des Friedens
zogen sie in meine Stadt,
die uneinnehmbare.

Verlassen, verödet, wüst
sind unsere Haine,
unsere heiligen Orte,
das Allerheiligste der Götter
überschwemmt mit Blut.
Auf den Stufen des Hausaltars,
im Allerheiligsten des Zeus,
vor des Gottes Augen,
haben sie Priamos ermordet.

Viel Gold und unermeßlich reiche Beute
lassen die Sieger zu ihren Schiffen schleppen;
sie warten auf Wind vom Rücken, die Griechen,
sie beten darum,
es stinkt nach Menschenopfer.
Zehnmal Saatzeit,
zehnmal Erntezeit
ohne den Herrn im Haus.
Sie träumen sich zu hause,
schlafen schon mit ihrem Weib,
hätscheln ihr Kind —
zehn Jahre tagträumen sie davon,
die tapfern Herren, die den Krieg
gewinnen wollten gegen diese Stadt,
die Früchte ernten
meiner und der Troer Arbeit.
Ja, wir sind besiegt,
Hera und Athene, die haben
sich zusammengetan:
die sollten nicht nur besiegt sein,
die Troer,
verschwinden sollten die,

weg sein,
ausgelöscht, ein Volk gemordet.
Endlich gelöst, befreit der Haß
auf Paris und sein Volk,
für diese Lust taten sich schön die beiden,
die sich hassen.
Und das gelang: „Kein Mann darf überleben!"
Sie sind dahin, die ich geliebt,
gelehrt, zu Menschen mir
erzogen hab.
Es lebt kein Mann in Troja mehr.
Sie haben jeden Mann erschlagen.

Ich komm, um Troja zu verlassen,
meine Altäre,
meine Heiligtümer.
In dieser Wüste
leidet der Gott,
den der Mensch
verlassen hat.
Niemand fürchtet hier noch
Götter
und niemand schuldet hier
einem Gott
noch Dank.

Die Ufer des Skamandros hallen
von endlosen Klage-
gesängen
der gefangenen Frauen,
die werden als Sold
verlost,
den gemeinen Soldatenhaufen so hingeworfen:
links für Arkadien,
rechts für Thessalien,
ihr bleibt stehn,
geht nach Athen.

Wie es ein Daumen, wie's der Zufall will.
Und die noch nicht verlost sind,
die die großen Herren sich vorbehalten haben,
liegen hier
im Vorratszelt
der Truppe Agamemnons.
Da liegt auch des Tyndareus Tochter,
die Spartanerin liegt da,
die Helena:
auch sie wird Sklavin sein,
wie es nur Recht ist.

Und muß denn einer
wirkliches Elend sehn,
daß er begreift,
hier kann er's.
Da liegt Hekabe,
ausgeschüttet,
mit ihren Tränen
endlose Klage
endlosem Leiden
klagend.
Ihre jüngste Tochter,
die freundlich-kluge,
tapfere Polyxena,
am Grab Achills geschlachtet,
mir selbst für gute Heimfahrt
halten sie ihre offne Kehle hin —
dumm dreist und widerlich.
Sie, die Mutter, Hekabe,
sie weiß es nicht.
Noch nicht.
Wohin sie greift, ist keiner mehr:
Ihr Mann, die Söhne —
umsonst, dahin, vergeblich.

Die Keusche,
die sich aus Gott Apollons Armen
losriß, geschlagen
mit der rasenden Wut
der Seherin,
die Priesterin, Kassandra,
will Agamemnon,
ganz von Gott verlassen und
lästerlich
zu sich ins Bett sich zerren
mit Gewalt.

Also,
du Unzerstörbare,
Stadt aus Stein,
ich geh.
Du stündest ewig
hätte nicht Athene,
Zeus' Liebling,
dich — nur so, aus Lust —
verwüstet.

ATHENA
Erlaubst Du, meines Vaters Bruder,
und also nah mir wie nur er, der Vater,
du großer Daimon,
gefürchtet, geehrt bei allen Göttern,
erlaubst du, daß ich
dich anspreche —
ich bin ja nicht mehr wütend.

POSEIDON
Natürlich erlaube ich.
Auch Götter sind verwandt,
verschwistert und verschwägert.
Man spricht sich aus.

ATHENA
Zu gütig.
Wirklich, es geht uns beide an,
was ich dir sagen will.

POSEIDON
Gibt's etwas Neues bei den Göttern,
von Zeus, von einem der Dämonen?

ATHENA
Nein. Es geht um Troja hier,
das Land, auf dem wir stehn.
Für Troja möcht ich mich mit dir verbünden.

POSEIDON
Die Wut ist übersatt,
jetzt willst du Mitleid fühlen, wo du Elend siehst —
jetzt, da all die Arbeit hier
zerstört ist.

ATHENA
Sag doch,
willst du mit mir planen
und ausführen, was ich vorhab?

POSEIDON
Ja.
Nur, was hast du denn vor?
Den Griechen oder der Leiche hier,
dem Troja, schaden?

ATHENA
Schaden!
Jubeln sollen deine Troer!
Ich will den Griechen die süße Heimfahrt
bitter enden lassen.

POSEIDON
Du weißt nicht, was du willst,
spielst Himmel und Hölle,
springst vom Haß zur Liebe,
und immer gleich aufs Ganze
muß es gehn.

ATHENA
Als wüßtest du nicht,
daß sie mich beleidigt haben
und meinen Tempel hier geschändet.

POSEIDON
Ich weiß ja,
als Aias die Kassandra
von Deinem Altar riß
und ihr Gewalt tun wollte ...

ATHENA
Und keiner dieser Griechen kümmert sich
um diese Schande,
keine Strafe, nicht eine Warnung ...

POSEIDON
Obgleich die Undankbaren doch
mit deiner Hilfe
ganz Troja mit Gewalt
geschändet haben.

ATHENA
Ich will aber,
ich will mich jetzt
für diese Schandtat rächen.

POSEIDON
... versuchte Tat.
Ja, ja, ich helfe dir.

Wie willst du dich rächen?

ATHENA
Vom Traum der Heimkehr soll'n sie bös erwachen!

POSEIDON
Jetzt, solange sie vertäut
im Hafen liegen
oder draußen auf der hohen See?

ATHENA
Wenn sie Troja verlassen haben
auf hoher See,
die einen nah schon an der Heimat,
die andern weiter noch entfernt —
wie's kommt.
Mein Vater schickt mir Wolkenbrüche,
Hagelschlag,
das Schwarze aufgeblasner Luft!
Er leiht mir den Donnerkeil
und die Blitzwaffe —
die werden brennen in meiner Wut,
die Griechen.
Du schenk ihnen eine See zur Heimfahrt —
nicht jede dritte Welle ein Todesstoß,
nein, jede, ein tanzender Berg,
und ein Todestanz,
Spirale ohne Ende,
deine Strudel!
Und ihr Gehirn zerspringt,
so brüllt die See.
Und vor allem,
mach sie unentrinnbar!
Ersäufe Griechen!
Für jeden Troer, Onkel,
ein Sack Griechen!
Wirf Tote haufenweis,

schütt Tote
An Euboias Klippen,
Spick sie mit Leichen,
stopf die Buchten voll —
die sollen in Zukunft meinen Altar ehren
und Frömmigkeit
auch gegen andre Götter
lernen.
Nicht noch einmal
machen sie das mit mir,
die lernen Frömmigkeit.

POSEIDON
Du hast ja Recht.
Ich sag nicht lange, was ich tun werde.
Ich werde
die Ägäis in ein Chaos stürzen,
Mykonos Strände,
Delos Riffe
Skyros
Lemnos
das Kap von Kaphereus
sollen mit Ertrinkenden
und Leichen
gestopft sein.
Strände und Klippen wirst du nicht mehr sehn
von einer Leichenpest bedeckt.
Mein Meer
es schwemmt dir Leichen an
von Süd nach Nord
von West nach Ost ...

Geh heim auf den Olymp,
bleib jetzt nicht länger hier.
Ja, leih dir von Zeus die Waffe.
Doch warte ab,
plötzlich

bei vollem Segel
auf hoher See
triffst du sie gut.

So gottlos dumm der Sterbliche,
der Städte zu Asche brennt,
der Sieger, der
Altäre und Gräber,
das Allerheiligste
der Toten
zur Wüste macht —
selbst am Ende dem Tod geweiht —
und glaubt,
er
könnt' es überleben.

HEKABE
Auf, Unglückselige, vom Boden den Kopf,
heb deinen Hals,
auf, auf,
den Kopf von der Erde, Unselige,
heb deinen Hals und schau:
Da ist kein Troja,
du bist keine Königin.
Halt stand.
Halte dich.
Wenn alles sich dreht,
wenn, was oben nach unten
das Schicksal verkehrt,
halt dich.

Segle behutsam
durch die Enge,
die das Leben dir läßt.
Versuch's nicht gegen den Wind,
der zufällig weht,
richte den Bug nicht

gegen die Welle,
die der Zufall treibt.
Immer drehender Wind des
Zufälligen —
halt ihn aus,
laß ihn dich treiben.

Ach,
warum, warum nicht
über mich Unglückliche stöhnen.
Was ist da,
daß ich nicht schreien soll.
Ich habe keine Heimat mehr,
niemand, der mich schützt,
keine Zukunft,
ich habe keine Kinder mehr,
mein Mann ist tot.

Von alters mit vollen Segeln im Wind,
geblähter Stolz,
wir Könige Trojas!
Wie sind uns die Segel gerefft.
Die Fetzen klatschen gegen den Mast,
ein Nichts,
wie nichts ist es
gewesen von Anfang.

Was
muß ich vergessen?
Was
darf ich nicht vergessen?
Worüber weinen?
Wen beklagen?
Darf ich schreien — worüber?
Worüber muß ich schweigen?
Worüber weinen?
Wen beklagen?

Die andern, welche andern,
beweinen.

>Ich bin schwach
>ich Schwache
>Wie find ich
>mich nur
>auf leidschwerem Lager
>so schweren Leib
>Auf hartem Boden
>ein hartes Bett
>Wie schwer die Glieder
>Wie schwer die Not
>auf Stein
>Wohin bin ich
>gekommen

Wie schwer drückt mich
die schwere Not auf dieses Bett
aus Stein.
Ach, mein Kopf,
die Schläfen,
die Seiten,
wie möcht ich mich wälzen,
rollen,
drehen den Rücken,
zur Seite da und zur Seite dort
mich schaukeln,
mich wiegen
im Wellenschlag
der Tränen-
Gesänge.

>Ach,
>im Flug die Schnäbel
>der Schiffe,
>mit fliegendem Ruder

ein Schwarm
über purpurner See
aus Buchten
und Häfen
tausender Flügel
Schlag
Todesvögel
ein Schwarm
weißgefiederter Schiffe
der Griechen
Weit über das Meer
ein niemals endender Morgen
in klarer Luft
gellender Pfeifen
trauernder Flöten
nicht endender Gesang
dem
der das Blut wäscht
von den Händen —
der Wolf
ihr Gott
Nicht endendes
Lied
bis sie gelandet
endlich, endlich
zu holen
dem Menelaos die Frau,
sie
die Schande ihrer Brüder
ihr Todesengel
die gemordet hat
Priamos, dem Vater
die Söhne
fünfzig und ihn
Priamos
den König, meinen Gemahl
sie

die mich geworfen hat
an diesen Strand
des Unglücks.

Wie hart bin ich gefallen.
Wo ist nun mein Platz.
Hier, Sklavin,
ein altes Weib,
vor dem stinkenden Zelt
des Führers der Griechen,
blutig geschoren
das Haupt,
von Schmerzen entstellt.
Sie führen mich fort
in die Fremde.

Ihr Frauen der Troer,
der unschlagbaren,
der Männer aus Erz!
Tod,
Elend
habt ihr zum Gatten!
Da ist kein Troja mehr!
Laßt uns klagen!

Wie die Mutter
den Vögeln im Nest
das Lied und den Flug,
fang ich euch an
den Tanz!
Nicht mit Priamos'
Herrscherstab
schlag ich den Takt
dem Gott zu Ehren.
Die Klage
fang ich euch an
mit leeren Händen!

CHOR
Du rufst uns — wir
schlafen ja nicht.
Wir hörten dich klagen.
Warum,
warum klagst du
mit neuem,
schrecklichem Ton?
Hekabe,
wir haben Angst,
was ist,
was ist Neues geschehn?

HEKABE
Ach Kinder,
sie lassen schon
zu den Schiffen
die Ruder bringen.

CHOR
Wird es jetzt sein,
werden sie jetzt
mich verschleppen?

Auf Schiffen,
auf furchtbarer See —
wohin schleppen sie mich?

HEKABE
Ich weiß nicht, was geschieht!
Furchtbares!

CHOR
Kommt, kommt,
steht auf!
Die Griechen brechen auf!

HEKABE
Laßt Kassandra nicht heraus!
Ich weiß,
sie brütet
neue Flüche aus.
Sie stürzt sich ins Unglück,
flucht den Griechen,
laßt sie nicht heraus!
Ich könnte es nicht ertragen,
wenn sie sie hier,
auf der Stelle hier aus Wut erschlagen!

CHOR
Ich schäme mich, ich zittre,
mir ist der Nacken
eisigheiß,
ich habe Angst.
Hekabe,
töten sie uns?
Wir sind noch nicht verlost!
Sie töten uns!
Sie wollen uns nicht haben,
sie nehmen mir mein Haar,
mein Kleid,
was machen sie mit mir?
Sie brechen auf!
Die Ruderer sind schon an Bord!
War denn noch keiner da,
der sagt, wem ich gehören soll!
Warum, warum sind wir noch nicht verlost?

Wie machen sie's, Hekabe,
wie töten sie?

HEKABE
Kind, dich schreckt
das Dämmerlicht des Tages
nach einer Nacht in Angst.

CHOR
Sind wir verlost?
Wann, wann, wann hört
das endlich auf, das Warten!

HEKABE
Dein Los entscheidet sich, hab keine Angst!

CHOR
Und wer, wer wird's sein,
der mich nach Argos
oder nach Phthia
oder auf eine der Inseln
mitnimmt?

Wie Vieh treiben sie uns
von der Weide, von Troja
der Heimat,
vertreiben sie mich.

HEKABE
Ach,
wem sollte ich Greisin
noch nützlich sein?
Ich, nutzlose Drohne
am Tag ihres Todes.
Sie setzen mich
als Wache ans Tor —
eine Leiche,
eine Totenmaske
am Hauseingang.
Werd ich
ihre Kinder hüten?
Unsre trojanische Kinderfrau —
ach,
war sie nicht Königin?

CHOR
Ach, wie soll ich dir mein Elend sagen?
Weben werde ich,
das Schiffchen werfen
auf troische Art
am fremden Ort
herrlich heilige Stoffe
noch immer weben
an fremdem Webstuhl
für fremden Gewinn.

Zum letzten Mal seh ich die Leiber
der Kinder
zum allerletzten.
Wer wird sie betreuen, die toten?

Und noch mehr werde ich leiden,
es gibt kein Entrinnen.
Entweder zerren sie mich ins Bett
eines Griechen —
verflucht wird diese Nacht sein und
ihr Daimon, verflucht, was sie aussät —
oder als niederste Sklavin schlepp ich
tagein und tagaus
Wasser vom heiligen Quell der Peirene
in Korinth,
das köstliche Wasser den Herren,
wertvoll wie Gold.

Oh schleppten sie mich doch
zum gepriesenen —
oh käme ich doch
zu Theseus glücklichem, heiligem Land,
nach Athen!

Sie preisen doch,
Überall rühmen sie doch

Athen,
das glückliche, glückverheißende!
Das gesegnete, geheiligte, gerechte,
Athen, der Göttin
Athena Augapfel!
Vielleicht,
oh ich bete,
vielleicht komm ich dorthin!

Nur nicht — denk es nicht —
nur nicht, niemals
nein nicht
ein Ort nicht:
nicht Sparta!
Der verhaßte Schoß, aus dem
die Schlechteste kroch,
die Spartanerin,
Helena.
Dort müßte ich als Sklavin noch
schöntun dem Menelaos,
dem Schinder Trojas,
der uns vernichtet hat.

Ich hörte sie singen:
Thessalien
gesegnetes Land
am Peneios
Thessalien
du herrliches
am Fuß des Olymp die Heimat
der Götter
Milch und Honig fließen
aus ewigen Quellen dir
gelb wogendes Meer der Ähren
Thessalien

Dorthin muß ich vielleicht.

Dorthin möcht ich, wenn nicht
in Theseus' heiliges Land, nach Athen.

Nach Westen sonst möcht ich,
ins Land des Hephaistos,
zum Ätna, dem Vater der Berge,
ins Land der Tapfersten,
ehrbaren Männer — so hört
ich es rühmen.

Er kommt!
Da kommt er!
Der Bote der Griechen kommt!
Er läuft, warum?
Was hat er zu sagen?
Was sagt er?
Was befehlen sie?
Wir sind doch schon
im eigenen Land
Fremde
ohne jedes Recht.

TALTHYBIOS
Hekabe, du kennst mich.
Ich habe deine Gastlichkeit
sehr oft genossen.
Es war schön bei euch!
Ich habe jahrelang den Griechen
als Bote, Herold, Unterhändler —
zu allerlei — gedient.
Und war bei euch in Troja.
Du erkennst mich, Königin,
ich bin Talthybios.
Ich bin noch immer Herold.

HEKABE
Da,
da, gut,
jetzt ist es ja da,
wovor wir uns fürchten.

TALTHYBIOS
Ihr seid verlost. Wenn es das war, was euch ängstigt.

HEKABE
Und, wohin kommen wir?

TALTHYBIOS
Ihr bleibt nicht zusammen. Jede
gehört einem andern Herrn.

HEKABE
Und wer, wer gehört wem?
Und sag, kannst du mir sagen:
hat eine, eine von meinen Frauen
Glück gehabt, erwartet sie ein mildes Schicksal?

TALTHYBIOS
Ich kann's dir sagen, aber hübsch
der Reihe nach!

HEKABE
Wem gehört meine Tochter?
Antworte doch!
Mein Sorgenkind, Kassandra,
wem gehört sie?

TALTHYBIOS
Er machte Sonderrechte geltend —
Agamemnon hat sie.

HEKABE
Also Sklavin bei seiner Frau,
einer Spartanerin!
Das tut so weh.

TALTHYBIOS
Nein, er will mit ihr schlafen.
Er will sie als Geliebte haben,
als Nebenfrau, ganz einfach.

HEKABE
Die Priesterin, die jungfräuliche,
die selbst Apoll nicht in die Arme nehmen durfte!
Er schenkte ihr ein Leben
in Keuschheit,
er selbst, der Gott!

TALTHYBIOS
Gerade deshalb begehrt Agamemnon sie.

HEKABE
Wirf sie weg, Kind,
die Schlüssel zum Tempel Apolls!
Reiß sie herunter,
die heiligen Bänder der Keuschheit!

TALTHYBIOS
Ich soll dir sagen,
welche es glücklich getroffen hat.
Und jetzt — ist das kein Glück,
der König will sie im Bett!
Er ist verrückt nach ihr.

HEKABE
Und mein Mädchen,
das ihr mir in dem Gemetzel
aus dem Arm gerissen habt?
Wo ist sie, meine Kleine?

TALTHYBIOS
Polyxena meinst du?
Nein, du meinst eine andere.

HEKABE
Ich frage dich, wo ist sie, wer hat sie sich genommen?

TALTHYBIOS
Sie ist —
Dienerin am Grab Achills.
Das Los fiel ihr zu.

HEKABE
Ich habe sie geboren,
sie soll leben,
um einem Grab zu dienen?
Was habt ihr da erfunden?
Oder welcher Brauch
sollte das sein?
Nach welchem Gesetz der Griechen
wird ein Lebender
so an ein Grab gefesselt?
Sag es mir, bitte, sag mir,
gibt es ein solches Recht bei euch?

TALTHYBIOS
Welchen Sinn hat das!
Du solltest sie selig preisen.
Ihr geht es gut.

HEKABE
Merkwürdig, wie das klingt, wenn du es sagst.
Aber ja, sie sieht das Licht der Sonne noch,
sie lebt!

TALTHYBIOS
Auch sie trägt, was ihr zufiel,
sie trägt es mit Würde und
sie leidet nicht.

HEKABE
Und die Frau eures größten Feindes,
Hektors Frau,
was habt ihr mit ihr gemacht?
Andromache, welches Schicksal
wird sie haben?

TALTHYBIOS
Noch einer machte Sonderrechte geltend:
der Sohn Achills, der Sohn des Mannes,
der deinen Hektor im Kampf getötet hat,
der wünscht sich Hektors Frau.
Sie hat es sicherlich nicht schlecht bei ihm.

HEKABE
Am Ende
ich,
bin ich auch Sklavin?
Und wessen Sklavin bin ich?
Ich,
deren Haar eisgrau ist
und die fällt ohne ihr drittes Bein,
den Stock.

TALTHYBIOS
Dem Odysseus von Ithaka
wurdest du zugelost,
als Sklavin, als Dienerin ...

HEKABE
Mit Fäusten schlag ich
diesen geschorenen Kopf,

mit den Nägeln reiß ich
mir die Wangen auf!
Ach, ich, ich muß es sein!
Der Falschheit, der Lüge,
dieser Schlange,
diesem Rechtsverdreher,
diesem Rechtlosen,
dem Kriegshetzer,
diesem verschlagenen Hund,
der seine eigene Mutter verrät,
wenn es ihm Vorteil schafft,
dem gehöre ich!
Schreit, schreit doch mit mir!

CHOR
Ach, Königin,
du weißt, was dich erwartet.
Aber wir,
mein Los,
wer, welcher Grieche
hält es in der Hand?

TALTHYBIOS
Holt Kassandra da raus!
Ich hab es eilig!
Agamemnon bricht auf,
der wartet nicht.
Ich muß auch mit den andern da
noch irgendwie zu Ende kommen.
Verdammte Auslosung!

Fackeln?
Da brennen Fackeln.
Woher habt ihr Fackeln?
Wer zündet denn da Fackeln an
in einem Zelt? Da
brennt ein Mensch!

Die wollen sich selbst verbrennen —
jetzt, da man sie unabänderlich,
endgültig aus ihrem Boden reißt,
jetzt wissen sie,
daß niemand das ertragen kann,
jeder freie Mann wär lieber tot
als Knecht.
Öffnet das Zelt, reißt mir das Zelt auf!
Für euch wär's eine Lösung, ja,
und die Herren?
Ihre Beute vernichtet sich selbst!
Wo denkt ihr hin, das kostet mich mein Leben!

HEKABE
Du irrst dich. Schau genauer hin!
Keiner verbrennt dort irgendwas.
Mein Kind, Kassandra,
schau doch,
es fällt sie an,
es schüttelt sie,
der Schmerz bricht sie in Stücke.

KASSANDRA
Ich bin es, ich leuchte,
ich bringe das Licht,
ich halt euch die Fackel!
Bin fromm,
ich leuchte dem Heiligtum
meines Herrn
mit Fackeln!
Schau her, schau doch,
ich bringe das Licht
in diesen Tempel!
Hymen, oh Gott der Hochzeit,
mein Herr.
Hochzeit, ich hochzeite, sieh,
mein Gebieter.

Ich singe den Hochgesang
Hochzeitsgesang
Glück, Seligkeit dir,
oh Bräutigam!
Selig auch ich
auf königliches Bett
im fernen Argos geworfen!
Hochzeit!
Hymen, Gott dieser hohen Nacht.

Mutter,
unter Tränen und Schmerzens-
schrei
klagst du nicht endend um den Vater,
der tot ist,
das liebe Vaterland,
das verloren,
Mutter,
selbst, selbst muß ich mir das
hohe Lied singen,
entfachen das feurige Licht
zum Glanz
zum blendenden Schein
zum Feuer
der Hochzeit mir.
Ich spende dir, Hymen,
ich spende, oh finstre Hekate, dir
Licht,
der Jungfrau zur Hochzeit
wie es Gesetz ist.

Tanz, tanz,
flieg,
sei selig, trunken wie
in seligen Zeiten
des Vaters
unser Glück zu feiern.

Heilig der Tanz.
Führ du ihn an,
Apoll,
komm, jetzt,
in deinem Heiligsten,
in deinem Lorbeerhain
opfre ich doch,
ich, deine Priesterin!
Hochzeit, Apoll!
Hochzeit, Hymen!

Komm in den Kreis, Mutter,
komm, tanz, Mutter,
tanz mit mir,
wie leicht bewegst du dich
hierhin und dorthin.
Laß dich tragen, Mutter,
komm, Liebe,
zu lieblichem Tanz.
Lobpreiset die Hochzeit
Beschwört des Paares Glück
Besingt die Braut
Besingt des Bräutigams
Glück
Jubelt und schreit
Kreischt doch dem Glück
der Jungfrau entgegen
Auf ihr Mädchen
Oh ihr Lieblichen
im Festkleid
ihr troischen Mädchen
ihr Jungfraun
feiert feiert den Bräutigam
den die Götter mir ins Bett schicken.

CHOR
Herrin, hältst du sie nicht auf,
sie tanzt ins Lager der Griechen
in ihrem Wahn!

HEKABE
Hephaistos,
voll guter Hoffnung, gesegnet
die Hochzeit des Sterblichen, bei der
du die Fackel hältst,
aber trübselig
läßt du dies Totenlicht brennen
wie weit von aller Hoffnung.
Oh mein Kind,
wie wenig hab ich gesehn,
niemals
hätt ich gefürchtet,
daß du
unter Speeren,
Gefangene von Griechen,
unter Gewalt und
Stampfen des Krieges
als Sklavin
deine Hochzeitsnacht,
deine Brautnacht
feiern würdest.
Nie hab ich für dich
so etwas vor mir gesehn.

Gib mir das Licht,
es ist nicht recht,
daß du dich selbst erniedrigst.
Die ist nicht
deine Hochzeit, Kind.
Zu Unrecht entzündest du das Licht,
voreilig, mein Kind,
wie immer läufst du voraus,

läufst dir davon und deinem Schicksal —
unbelehrt wirst du nicht
ruhig
und treibst dich um, statt
still zu stehn und auszuhalten.
Tragt die Fackeln hinein!
Macht wieder gut
dieses greuliche Hochzeitslied:
weint und seid traurig,
wie es Recht ist.

KASSANDRA
Mutter, begreif!
Ja, verhüll mein Haupt,
kränze mich,
rüste mich
mit dem Siegeskranz!
Juble über die königliche Hochzeit!

Führ mich ihm zu,
hetz mich in seinen Arm,
und werd ich schwach, tu's
mit Gewalt.
Denn wenn ein Gott ist,
werden die Greuel,
die Helena für uns im Bett
bereitet hat,
nichts sein,
nichts gegen die Hölle,
das unsägliche Unheil,
das ich meinem Bräutigam,
das seine Geilheit
ihm bereiten wird,
dem großen Feldherrn Agamemnon.

Ich töte ihn.
Ich zerstöre sein Haus bis auf den Grund.

Ich räche
die Brüder und den Vater.

Aber nicht weiter jetzt.
Ich kann nicht.
Ich will nicht — die Axt
beschrein,
die mir in den Nacken fährt
und andern, ja andern auch —
ich will es nicht
beschrein,
das Grauen,
des Muttermords qualvolles
Gespinst,
die Frucht der Geilheit,
die ich gebären werde:
den Untergang des ganzen Geschlechts.
Nichts weiter von diesem
Atridengeschmeiß.

Unsere Stadt
ist selig zu preisen
gegen die Griechen!
Und ich will's beweisen!

Ich zeig es dir,
du sollst es sehn,
wie selig wir Besiegte sind.
Ich bin so voll des Gotts
und doch ganz klar.
Da ist kein falscher Ton.

Die haben wegen einer Frau
und wegen der Begierde eines einzigen
Tausende geopfert und verloren.
Und er, der Feldherr, der weise,
neunmalkluge,

hat wegen diesem Haufen Dreck,
diesem Kloß aus Haß,
das Liebste, Beste, Schönste
weggeworfen:
sein eignes Kind, seinen
Augapfel Iphigenie.
Dem Bruder hingeopfert
wegen einer Frau,
die ihm wegläuft,
freiwillig den schönen Augen
unsres Paris nach,
der keine Gewalt brauchte,
um sie zu entführen.
Sie lief ihm nach —
und darum haben die gemordet.

Und als sie an die Ufer des Skamandros kamen,
da fielen sie,
einer um den andern fiel,
unaufhaltsam wurden sie erschlagen.
Sie verteidigten kein Land
und keine hochgetürmte, stolze Vaterstadt.
Sinnloser Beutezug.
Und der erschlagen wird,
den ehrt kein Kind,
kein Weib hält seinen Leichnam
in den Armen,
keiner wäscht und kleidet diesen Toten,
in fremder Erde fault sein Leib.
Oh welch ein Fluch von soviel Unbeweinten
fällt da zurück aufs Heimatland!
Und dieser Krieg ist eben auch
zu Haus nicht anders!
Da sterben Witwen,
Frauen, Männer, die
ihre Kinder für andere,
für diesen Krieg und seine Herren nur

großgezogen haben,
sterben vereinsamt, kinderlos
nach all der Mühe.
Keiner betet an ihrem Grab
und opfert,
Blut zur Erde schüttend.
Welch ein Geschrei von toten Seelen!
Dies ist das Lied am Ende,
der Chor zu eurem Hochgesang:
‚Ich führe Krieg'.

Ich schweige von dem wirklich Schlechten:
die wälzen sich
im Kot,
es stinkt — —
ich kann nicht.

Ich werd's ja sehn,
ich werde es erleben.
Das gibt kein Gott zu sagen:
einfach das Böse.

Wir, die Besiegten, aber,
wir Troer, Mutter,
wir brauchen uns doch nicht zu schämen.
Unsere Brüder starben für uns,
und nicht für einen Wahn,
und nicht für andre, die sie
dahin trieben.
Damit die leben können,
die man liebt,
dafür zu sterben,
ist ein guter Tod.
Und wen der Speer durchbohrt hat,
der wurde doch als Toter geehrt!
Den warf keiner auf einen Haufen
ungezählter Leichen.

Er wird umarmt, gewärmt, getragen,
gebadet, gesalbt, gekleidet —
von denen, die ihn lieben
und in seinem Haus.
Und seine Seele weiß,
wo er begraben liegt.
Es fällt kein Fluch auf uns
von Unbestatteten.
Es weint kein Toter
neben dir am Bett.

Und die nicht starben in den Schlachten,
Tag für Tag
kehrten sie doch
nach Hause zurück
Tag für Tag
und immer
lebten sie mit Frau und Kindern
und faßten an,
wofür sie litten.
Den Griechen blieb nur
der Angstschweiß auf der Stirn
und träumen Tag und Nacht.

Und Hektors Tod,
den du beweinst,
ich will ihn dir doch deuten,
Mutter.
Wie es ist:
Der Ruhm der Tapferkeit wird
von ihm bleiben.
So ist es doch.
Und das, weil die verfluchten
Griechen kamen.
Wären sie zu Haus geblieben,
wüßte keiner von solcher Tapferkeit,
für immer wäre sie

mit Hektors Namen
ungekannt verloren.

Paris
schlief mit Zeus' Tochter, Helena,
wer spräch denn sonst von ihm
und seiner Schönheit —
was wüßten wir von solcher
göttlichen Leidenschaft
und wie sie endet!

Verhindern muß also
den Krieg,
wer klug ist!
Doch wenn sie's dahin bringen,
wollen wir
nicht in Schande nur verrecken.
Und deshalb darfst du um dieses Land
nicht jammern
und meine Hochzeit nicht beklagen.
Die mir verhaßt sind
und auch dir,
ich werde sie vernichten.
An meiner Unschuld sollen sie ersticken.

CHOR
Du treibst doch bösen Scherz mit deinem Leiden.
Du feierst,
was nicht geschehen ist
und wohl niemals geschieht.

TALTHYBIOS
Eine Närrin bist du!
Vielleicht ist's ja ein Gott,
der dir den Verstand so trübt,
sonst ließe ich dich nicht
ganz ungestraft

dem Feldherrn Orakel-
Flüche dieser Art zur Abfahrt
senden.
Die man uns weise preist
und die auch selbst viel tun,
um weise zu erscheinen,
sind um nichts klüger
als die klein gehalten werden.
Der größte Feldherr aller Griechenheere,
der geliebte Sproß des Atreus, Agamemnon,
er wählt sich grade diese hier,
macht sich zum Knecht
absonderlicher Leidenschaften —
liebt eine Rasende.
Ich bin zwar arm,
ich habe nicht gewonnen bei dem Krieg,
doch dich, dich hätt'
nicht einmal ich
ins Bett genommen.
Für eine Sklavin ist der Preis zu hoch,
den man für dich bezahlt.
Dein Fluchen auf die Griechen
und dein Lobgesang auf deine Leute
— du hast im Kopf nicht alles ganz beisammen —
ich schlag es in den Wind, der trägt's davon.
Folg mir zu den Schiffen,
du Glückstreffer
unsres Herrn Strategen.

Du, Hekabe, wenn des Laertes Sohn, Odysseus,
dich holt, geh mit,
mach keine Schwierigkeiten!
Einer klugen Frau wirst du als Sklavin dienen,
das sagen alle, die hierher nach Troja kamen:
Odysseus muß man beneiden, der braucht sich nicht
zu fürchten
vor der Heimkehr!

Penelope ist treu und klug. Odysseus' Haus steht noch,
da kann er sicher sein.

KASSANDRA
Ein scharfsichtiger Sklave,
Neunmalkluger du,
nichts als Sklave!
Welchen Namen trägst du da:
ein Herold bist du?
Verkünder, Rufer, Gottes Stimme!
Ein einziges Greuel seid ihr doch
den Menschen,
ihr Abgesandten,
Unterhändler,
ihr Handlanger, Liebediener der Tyrannen
und kriegsgeilen Städte.

Du verkündest hier,
meine Mutter käm als Sklavin in des Odysseus Haus!
Das wagst du!
Und Apollons Wort,
du Sklave,
das zu mir sprach
und mir bedeutet,
meine Mutter stirbt hier,
hier stirbt meine Mutter!

Mehr Gewißheit brauchst du nicht.
Du mußt dich nicht erschrecken.

Und Odysseus,
den beneiden sie!
Den Unglücklichen, den Schlauen —
er weiß nicht, wieviel Leiden ihn erwarten!
Wie Gold wird ihm,
was ich und was
ganz Troja

im Dreck hier leiden,
wie Gold wird's ihm erscheinen!
Nochmal zehn Jahre,
zehn Jahre noch zu diesen hier,
dann erst kommt er heim —
allein,
da bleibt ihm kein Gefährte.
Zehn Jahre Leiden
und da muß er durch,
er muß durch
die Meerenge, an deren Felsen
die schreckliche Charybdis
ihr Nest hat, die
das Meer einschlürft —
auf trocknem Grund, da
gibt es keine Flucht für Schiffe!
Vorbei muß er am scharfäugigen Cyclopen,
der rohes Fleisch frißt,
und an Kirke, der Zauberin,
die Menschen sich als Schweine mästet,
Schiffbruch auf hoher See wird er erleiden —
was fürchtet denn ein Grieche mehr!
Und dann die Gier,
unstillbares Verlangen,
zu vergessen,
die Heimfahrt selbst vergessen
bei den Lotosessern.
In einem will ich's sagen:
Lebendig geht Odysseus zu den Toten!
Ausgespuckt endlich von der See
und heimgekehrt,
wird er zu Hause auch die Hölle finden.

Warum schlag ich um mich
mit des Odysseus Leiden!
Auf, so schnell es geht,
zum Hades, meine Hochzeit feiern bei den Toten!

Agamemnon, du schändlicher,
findest ein schändliches Grab,
heimlich bei Nacht,
lichtscheu sind deine Mörder,
der Tag wird deinen Tod nicht sehn,
den großen Feldherrn im Ornat,
der Großes meint zu tun,
ein Mensch, Stück Fleisch wie ich,
der Herr der Sieger.
Aber auch mich, um deinetwillen,
einen nackten Kadaver werfen sie
mich nachts in die Schlucht,
oh ja, da lieg ich neben dir begraben,
meinem Bräutigam,
da speien die schwellenden Sturzbäche
mich auf Felsen,
den Tieren
zum Fraße vor,
mich, die Sklavin nur Apolls,
mich, seine Priesterin.
Oh Bänder,
ihr Kränze des liebsten der Götter,
ihr schmückt mich jubelnde Priesterin,
ich war doch
die deine, Apoll!
Leb wohl, lebt wohl!
Wir feiern keine Feste mehr,
mein Gott,
ich reiß sie ab vom Fleisch,
wie eignes Fleisch, Apoll,
noch keusch,
noch nicht geschändet,
werf ich dir deinen Segen zu,
die Lüfte tragen ihn zurück,
Herr, der mich sehend macht!

Wo liegt das Schiff des Feldherrn?
Wo soll ich an Bord?
Du wartest nicht sehnlicher auf Wind
als ich, Agamemnon, mein Bräutigam,
eine der drei Rachegöttinnen,
eine Erinye,
nein,
eine Furie
hast du dir gewählt,
schleppst du mit dir von diesem Land!

Gott segne dich, Mutter,
weine nicht.
Oh liebe Heimat,
ihr Brüder, geliebte, hier
in der Erde
und du, Vater,
aus dessen Lenden ich gekommen:
nicht lange und ihr werdet mich umarmen.
Ich komme zu den Toten,
den neuen,
den Siegeskranz ums Haupt,
wenn ich sie vernichtet habe,
das ganze Atriden-Haus vernichtet,
das uns zuerst vernichtet hat.

CHOR
Sie fällt!
Hekabe fällt!

HEKABE
Laßt mich,
ihr macht mich wütend
mit dieser Rücksicht,
Mädchen!
Laßt mich liegen.

Aufrecht hab ich gelitten,
aufrecht leide ich
und aufrecht werd ich leiden müssen.
Ich kann es nicht,
ich kann nichts mehr ertragen.
Ihr Götter ...
ihr seid unsichere Verbündete,
keiner kann wissen,
wann ihr ihn verlaßt.
Mitten im Kampf
dreht ich euch weg!
Und doch rufen wir Gottes Namen an —
wir rufen
und das
tröstet uns.

Ich will euch sagen, wer ich war,
von meinem Glück erzählen,
damit ihr mich begreift
und was mich jetzt zu Boden drückt.
Ich war erwählt, eine Königstochter
und mit einem König wurde ich vermählt.
Und ich gebar ihm Kinder,
ich war nicht nur fruchtbar,
nicht nur viele Kinder hab ich ihm geschenkt
und Troja,
es waren auch die besten.
Keine Frau in Troja, keine Frau in Griechenland
und keine in ganz Asien
durfte jemals so stolz von ihren Kindern sprechen.
Und eines nach dem andern brachten sie mir —
vom Griechenspeer getötet.
Alle meine Söhne habe ich beerdigt
und schnitt mein Haar an ihrem Grab.

Ich schrie und weinte nicht
über den Tod des Priamos,

weil jemand mir erzählt hat,
wie grausam, unvorstellbar böse
er ermordet wurde —
nein, mit meinen eigenen Augen habe ich gesehen,
wie Neoptolemos ihm seinen Bauch aufschlitzte,
wie er ihn geschlachtet hat,
im Haus, an unseres Hauses heiligem Altar.
Und meine Töchter,
als Königinnen hab ich sie erzogen,
sie sollten Herrscherinnen sein in Asien.
Für dieses Griechenpack hab ich sie großgezogen,
aus meinen Händen werden sie gerissen.
Da ist keine Hoffnung, daß sie mich wiedersehen
und keine Hoffnung, daß ich selbst sie wiedersehe,
irgendwann.
Und das ist nicht genug.
Ich muß ganz auf den Gipfel —
Sklavin in Griechenland.
Ich, Königin, ich, altes Weib, werd Sklavin sein.
Was werden die mir schon für Arbeit geben.
Das Schwerste, was dieser alte Leib
gerade noch ertragen kann.
Vorm Haus im Kot die Tore hüten,
Körner stampfen, Teig kneten, Brot backen;
ein Bett aus Lehm statt königlicher Decken!
Lumpen, kratzige Fetzen
für die runzelige, alte Haut —
wie eine Aussätzige
werde ich meiner selbst mich schämen
in wenigen Wochen.
Das alles habe ich gelitten,
das leide ich
wegen einer Ehe, einer fremden,
die uns nicht betraf
und wegen eines Weibes, eines einzigen.
Kassandra, die mit den Göttern tanzt,
durch welchen Fluch verliert sie ihre Keuschheit?

Du Ärmste, Polyxena, wo bist du nur?
Wo seid ihr Kinder — da ist keines mehr.
Wozu also wollt ihr mich aufrichten?
Wo ist da noch Hoffnung?
Ich ging sehr stolz,
mit leichtem Fuß in Troja,
seine Königin,
ich bin sehr hart gefallen,
jetzt krieche ich auf hartem Stein
zum Tod,
das Unglück frißt mein Leben auf.

CHOR
Gib mir, Muse, ein Lied,
ein neues, fremdes,
gib mir ein Totenlied für Troja.
Ich will weinen,
ich will dich beweinen, Troja.

Ich will mich erinnern
an diese Nacht,
war's gestern,
war's vorgestern,
wie lange ist es schon her?

Ein blauer, kühler Morgen,
an dem die Wächter schrien:
Die Griechen! Sie sind fort!
Kein Grieche mehr vor Troja.
Und die Kundschafter von der Küste
beschwören: Ja, sie setzten Segel
und sind fort.

Ganz Troja schrie und lachte
und weinte auch,
die troischen Mauern hallten wider:
Wir sind befreit,

die Leiden haben sich gelohnt,
es ist vorbei!

Da stand das Pferd,
das himmelhohe,
glänzende, goldbeschlagen,
aus glattem Holz
(mit Mördern voll bis an den Hals).
Und weihen nicht die Bürger ihrer Stadt Athen
der Göttin, ihrer Athena
erzne Pferde!
Ihr Weihetier steht dort
vor unserm Tor —
wir sind versöhnt!
Da lachte sie wohl, die Göttin,
als wir jubelnd das glatte Holz,
den Bauch gefüllt mit ihrer Saat,
den Mördern, ihren Bundesgenossen,
als wir das Pferd ihr brachten,
die mit unsterblichen Pferden spielt.

Da war kein jungfräuliches Mädchen,
das sich scheute und zu Hause blieb
und keinem Greis war dieser Weg zu schwer!
Wir sangen und wir spielten auf!
Wie man ein Schiff
mit schwarzem Rumpf
an Land zieht,
zogen wir
an hundert Seilen
alle, alle
das Roß zum Tempel unsrer,
der troischen Athene,
hinauf,
auf ihren heiligen Boden —
der dürstete schon nach Blut.

So ging der Tag
mit Arbeit und Freude
und Vorbereitungen zum Fest.

In der Dämmerung begann
unser Fest!
Mit Flöten und troischen Liedern
und Tanz,
wir sangen, wir stampften
den Boden,
hoch, hoch schlug zum Himmel
der Glanz unsrer Fackeln!
Wir vertrieben die Nacht,
den Schlaf aus den Häusern.

Bis gegen morgen, da alles
erschöpft, glücklich,
betrunken von Frieden
in Schlaf fiel —
da sangen wir noch
leise der Jungfrau der Berge
zu Ehren, der Artemis,
ihre Lieder —

Da begann dieser Ton,
dieses Geräusch, das furchtbare,
das ich nicht nennen kann,
das noch jetzt ohne Ende
mir in den Ohren dröhnt,
der Lärm des Todes.
Da brach Ares, der Krieg,
aus dem Versteck,
dem Hinterhalt —
Athenes Werk.

Da war keine Zuflucht.
An den heiligen Altären —

soviel Blut,
so unvorstellbar, daß
das Blut in Strömen
von Altarstufen floß.
Da war nicht ein Ort,
den sie heilig hielten.

Und in den Kammern der Schlafenden,
den Mann erschlagen,
die Frau geraubt —
welche Siegeskränze gewannen sie da,
die Helden!

Zu einer Wüste
zerstampften sie die Nacht
für mich,
und Schreien wird
nun jede Nacht für mich sein!

Sie raubten
aus Blutlachen der Männer
raubten sie
sich ihre Zukunft
zusammen,
ihre Jugend:
wir doch, wir werden ihnen
Kinder gebären müssen!

Hekabe, schau,
dort kommt Andromache,
sie trägt Astyanax.
Wohin, Andromache, führen sie dich?

ANDROMACHE
Die Gewalt haben über mich, die Griechen,
nehmen mich mit, ihren Besitz.

HEKABE
Ach, welche Schmerzen ...

ANDROMACHE
Was klagst du,
singst das Klaglied meines ...

HEKABE
Ach!

ANDROMACHE
... Leidens ...

HEKABE
Oh! O Zeus!

ANDROMACHE
... und meines Unglücks.

HEKABE
Kinder!

ANDROMACHE
Das waren wir! Die Zeiten sind vorbei!

HEKABE
Alles vorbei! Der Segen, das Glück, Troja — dahin!

ANDROMACHE
Zerschlagen ...

HEKABE
... dahin die Kinder.

ANDROMACHE
Ich möchte schreien ...

HEKABE
Ich schreie über ...

ANDROMACHE
... mein Unglück.

HEKABE
Warum soviel Unglück ...

ANDROMACHE
... über die Stadt, ...

HEKABE
... die zergeht in Rauch.

ANDROMACHE
Komm, komm zu mir, Geliebter, mein Mann ...

HEKABE
Die Toten, die Toten rufst du,
mein Sohn ist tot! Trostlose!

ANDROMACHE
... komm doch, rette deine Frau!
Komm, rette mich!

HEKABE
Du, den sie zu ihrer
eigenen Schande ermordet haben,
du, Vater, Herr meiner Kinder,
Priamos, du, komm,
nimm mich in deinen Arm,
laß mich sterben!

ANDROMACHE
Wie schreien wir nach euch, ihr Toten!

HEKABE
Und doch, das ist es, das Leid,
was wir aushalten müssen.

ANDROMACHE
Gefallen ist Troja ...

HEKABE
... und Leid häuft sich auf Leid.

ANDROMACHE
Die Wut der Götter
häuft es auf uns.
Du bist mitschuldig!
Hättest du doch den Paris
getötet,
wie's der Gott dir befohlen hat.
Er hat doch wegen dieses Weibes,
das alle hassen,
Troja vernichtet.
Seinetwegen liegen die blutigen Klumpen
der Toten in Haufen
vor dem Tempel, der Göttin
Athene zu Füßen,
die Geier tragen sie fort —
seinetwegen geht, was von Troja blieb,
in die Sklaverei.

HEKABE
Vaterland ...

ANDROMACHE
... ich weine um dich ...

HEKABE
... um das verlassene.

ANDROMACHE
Ein schreckliches ...

HEKABE
... Ende ...

ANDROMACHE
... nimmst du.

HEKABE
Kinder,
ihr laßt mich zurück
in einer Wüste.
Tränen auf Tränen,
Kinder,
die Schmerzen
gebären
nur Schmerzen.
Könnt ich doch sterben daran!
Der tot ist,
im Grab,
wird er vergessen,
den Schmerz vergessen,
endlich, endlich weint er nicht mehr.

CHOR
Ja, so macht Traurigkeit das Leiden süß.
So hält ein Klaglied
mich im Schmerz zusammen.

ANDROMACHE
Du, Mutter Hektors,
der der Alptraum der Griechen war,
ihr Angstschweiß in der Nacht,
Hektors Mutter,
siehst du das hier!

HEKABE
Ich sehe, was die Götter tun:
Wie sie Bedeutungsloses, ein Nichts
in höchste Höhen heben,
und, was etwas zu sein scheint,
fallen lassen
in ein Nichts.

ANDROMACHE
Beutevieh treiben sie uns weg,
mein Kind und mich.
Das Kind, Hektors Sohn, wird Sklave sein!
So furchtbar fallen wir.

HEKABE
Sie brauchen maßlos die Gewalt.
Mir haben sie — soeben —
Kassandra aus dem Arm gerissen.

ANDROMACHE
Ein zweiter Aias, der sie mit Gewalt
sich nehmen will?
Du hast noch mehr zu leiden ...

HEKABE
... ja, maßlos und ohne Ziel,
ein Unglück streitet mit dem andern,
welcher Schlag mich zuerst treffen soll.

ANDROMACHE
Dir ist ein Kind gestorben.
Polyxena, sie starb am Grab Achills.
Geschlachtet,
Geschenk an einen seelenlosen Leichnam.

HEKABE
Das war das Rätsel,
das der Herold mir gab,
unverständlich und furchtbar klar.

ANDROMACHE
Ich sah sie.
Ich hab sie zugedeckt, so gut ich konnte,
und die Tote beklagt,
solange sie's geduldet haben.

HEKABE
O Kind, was ist das für ein Tod!
Ein Opfer, Geschenk an eine Leiche?
Was wollten sie damit, die Griechen?
Die gottlosen opfern Menschen ihren Göttern!
Du starbst wie Vieh!

ANDROMACHE
Sie starb wie sie gestorben ist!
Sie ist jetzt tot!
Und wär ich nur so glücklich, wie sie ist,
sie hat das bessre Los gezogen,
mein Leben ist doch nur ein andrer Tod.

HEKABE
Sag nicht,
es gibt ein Leben,
das ist wie gestorben sein.
Leben und Tod sind nicht dasselbe.
Nichts ist gleichgültig.
Wo Leben ist,
sind Hoffnungen.
Das Leben ist kein zweiter Tod,
niemals, und glaube nicht,
der Tod könnte
ein bessres Leben sein.

Der Tod endet kein Leiden, Kind,
du kommst nur lebend an des Leidens Ende.
Der Tod ist nichts.
Das Licht noch sehen, Kind,
das ist die Hoffnung.

ANDROMACHE
Ach Mutter,
vom Nichtgeborensein zum Leben
hast du Polyxena gebracht.
Und darum kann doch ihr Tod
ein Trost sein für dich, die sie geboren hat.
Ihr Tod ist doch nur,
was wir alle waren:
Nichtgeborensein.
Bevor du sie gebarst, war sie doch tot.
Und dieser Tod ist besser als ein Leben,
um zu leiden.
Sie hatte doch noch nicht gelebt
und lebt nicht mehr,
die Schrecken ihres Todes wahrzunehmen.
Wer lebend sterben muß,
von soviel Glück ins Unglück stürzt,
dessen Seele zerreißt
das schon gelebte Glück.
Sie starb, als hätte sie das Licht
noch nie gesehn.
Sie weiß nicht, was sie litt.
Ich hatte mir mein Leben vorgestellt
und hab es so geführt.
Und was an mir lag, habe ich erreicht.
Ich habe nicht zuviel an Glück erreicht,
wie manche sagen,
es war kein Zufall, daß wir glücklich waren,
Hektor und ich.
Nur dieses andre Glück,
das nur zufällige,

das habe ich verfehlt.
Und der Grund meines Glückes war,
daß man wissen konnte,
wer ich bin und bleibe,
und dieser vernichtet mich.
Denn mich, die kluge, treue Gattin,
mich, die Frau, die weiß und schweigen kann,
die, was sie mit Worten spricht,
auch in den Augen meint,
die will er haben.
Wir haben vor aller Augen,
Hektor und ich,
versucht,
das Leben gut zu leben.
Ist das ein Ding,
das man sich nehmen kann?
Achill, der meinen Mann erschlug,
hat einen Sohn,
der dieses Eheglück als Beute
mit nach Hause nehmen will.

Des Mörders Sohn
will den Gemordeten beerben.
Das ist kein Raub aus Geilheit,
er will ja mich, Andromache,
wie ich das Leben und die Ehe führte,
das will er zum Beutestück!
Und er begreift nicht soviel,
daß sogar das Vieh,
das keine Sprache hat
und nichts bedenkt,
die Treue hält!

Und wenn er mit Gewalt
sein Leben mit mir leben will —
wie soll ich eine andre werden?
Untreu dem neuen Mann, verhaßt und böse,

damit ich Hektor treu sein kann!
Und ist es, wie sie sagen,
kann eine Liebesnacht schon
meinen Willen brechen?
Dich liebte ich, ich liebe dich doch, Hektor!
Du warst für mich der erste, der mich sah,
ich mußte niemals schwören: du bleibst der einzige.
Ach, Hektor,
wenn ich hinter mich gefaßt habe,
warst du da,
immer warst du da:
klug, tapfer, reich.
Und jetzt, weg bist du,
du bist nicht mehr da,
und mich,
mich schleppen sie weg,
aufs ungewisse Meer!

HEKABE
Ich war noch nie auf hoher See,
auf einem Schiff.
Doch weiß ich etwas
von Unwetter und gnadenlosem Sturm.
Ich sah es ja auf Bildern
und hört es in Geschichten.
Da ist ein Maß der Gewalt,
und die auf See, die kennen es genau,
bis dahin leisten sie dem Sturm
Widerstand,
ausdauernd, stolz,
mit ihrem ganzen Fleisch,
mit einer Kraft, die kein Gott hätte —
ich habe es gesehn, sie haben es für uns gemalt:
sie halten durch,
jeder an seinem Platz,
am Ruder, am gerefften Segel,
am Schöpfeimer,

jeder steht, hält aus, bleibt unverrückbar.
Doch wenn die Wut des Sturms,
maßlose Gewalt,
die Welt verrückt,
die See zur Hölle macht,
dann lassen sie doch los,
ergeben sich ihrem Geschick
und lassen sich in die Hand
der Wellen fallen.

    Sie schlagen uns so maßlos
    Menschen oder Götter —
    es reißt mir die Zunge heraus,
    ich kann nicht mehr schreien,
    ich lasse mich
    stumm fallen.

Aber du, geliebtes Kind, halt aus.
Klammer dich nicht an Hektor,
eines Toten Schicksal.
Du erlöst ihn nicht,
du änderst nichts mit deiner Trauer.
Gehorche deinem neuen Herrn.
Er soll dich lieben,
mach dich ihm unentbehrlich
durch deine Liebe
und so liebst du uns alle.
Denn nur so kannst du dein Kind hier retten,
zum Mann erziehen,
daß sein Name, Hüter der Stadt,
sich noch als wahr erweist.
Er wird ein Mann und er wird Söhne zeugen
und diese Söhne werden — die Götter wissen es —
Troja noch einmal bauen,
im Frieden einer Stadt wie dieser
noch einmal leben.

Ich komme nicht zu Ende.
Du sollst nicht zu dir kommen,
darum hetzen sie dich
von Qual zu Qual.

TALTHYBIOS
Du, die Frau des Tapfersten in Troja,
ich mein, du warst seine Frau,
ich weiß es ja, die Frau des großen Hektor.
Ich mein, ich ehre ihn und dich.
Verfluch mich nicht,
ich komme ja nicht freiwillig,
ich habe mit dem, was ich sagen muß,
selbst nichts zu tun.
Einstimmiger Beschluß der höchsten Heerführer
und der andern Griechen.

ANDROMACHE
Was ist es?
Furchtbares! Weil du soviel Worte machst!

TALTHYBIOS
Beschlossen ist, das Kind da —
wie soll ich es nennen?

ANDROMACHE
Soll einem andern Herrn gehören als ich selbst —
das ist es nicht?

TALTHYBIOS
Keinem soll es gehören.
Dein Kind wird keiner knechten.

ANDROMACHE
Der einzige Mann, der übrigblieb,
ein Kind,
sie wollen ihn hier lassen —

einen Troer lassen sie für Troja?
Ein Griechenscherz?

TALTHYBIOS
Ich weiß nicht,
wie soll ich dir das Schwere
leichter machen?

ANDROMACHE
Du sagst es doch — dann sag es gleich!

TALTHYBIOS
Sie töten deinen Sohn. —
Daß ich sie ausspei, diese Scheußlichkeit.

ANDROMACHE
Also war's noch nicht ausgetrunken,
also war ich noch nicht am Ende:
den Sohn des Mörders meines Mannes heiraten —

HEKABE
(Der Priamos zerfleischte.)

TALTHYBIOS
Sie hielten großen Rat und stritten,
es gab Krach in dieser Sache.
Odysseus setzte sich durch.

ANDROMACHE
Da ist kein größter Schmerz
und dann ein Ende.
Maßlosen Schmerz kann ich empfinden.

TALTHYBIOS
Odysseus sagte:
Unausdenkbar, wenn der zum Mann wird,
eines solchen Mannes Sohn,

Bewahrer seiner Stadt — den Namen
wird er sich verdienen wollen!
Man muß ihn einfach
von diesen stolzen Mauern
fallen lassen.

ANDROMACHE
Vielleicht sagt das ein Gott:
Man muß Odysseus einfach fallen lassen.

TALTHYBIOS
Nun laß es kommen, wie es kommen muß,
am Ende zeigt es sich, wer triumphiert.
Sei klug und leiste keinen Widerstand.
Hektors Frau bewahrt die Haltung!
Und du,
versuche nichts!
Glaub nicht, du hättest irgendwie noch Macht,
du bist vollkommen machtlos.
Ich sag es noch einmal:
versuche nichts.
Da folgt dir keiner, du hast keinen Schutz.
Da schau doch hin:
Die Stadt ist tot,
auf welche Ordnung willst du doch berufen?
Dein Mann erschlagen und du selbst —
in unserer Gewalt.
Was immer du versuchst, wir werden
doch mit einer Frau am Ende fertig!
Drum fang jetzt kein Geschrei an,
laß dir nichts einfallen,
war hier Aufruhr bringt,
oder die Herrn beleidigt,
die's beschlossen haben.
Es wär nicht gut, wenn sie dich hassen
müßten und wär's aus Furcht.
Und darum laß auch die Götter aus dem Spiel!

Wenn du irgendwie das Heer beunruhigst,
hat's diesen Kleinen nie gegeben!
und der verschwindet nur,
wird nicht bestattet
und keine Ehre, verstehst du, keine
für den Toten!
Wenn du klug bist, bist du still!
Du willst das Kind nicht unbestattet lassen!
Und wenigstens seinen Namen, sein Andenken,
sollen die Griechen, willst du selber
mit nach Hause nehmen.
Also sei still, gib mir das Kind!
Ich meine, sie werden
sich erkenntlich zeigen,
bei Gelegenheit
Gnade vor Recht
ergehen lassen.

ANDROMACHE
O Geliebter,
so sehr ehren und fürchten sie dich,
Kind!
„Der gute Name schützt"!
Des Vaters Ruf und Ruhm,
die jeden andern schützen,
bringen dich um.
Nur weil du einen Namen trägst,
der deinen Vater ehren sollte,
hast du für die dein Leben schon gelebt,
als Mann, als Hektor!
Denn Hektors Sohn kann nur ein Hektor sein!
Plötzlich
wälzen wir uns im Blut,
Hektor und ich,
und schwarz von Blut wird unsre Hochzeitsnacht.
Wir jubelten:
Asien, dem fruchtbaren,

einen Herrscher zeugen!
Schlachtvieh,
billiges Opferfleisch für Griechen —
dafür war ich guter Hoffnung.

Du weinst.
Ich habe dich erschreckt.
Du greifst nach mir
und deine Mutter hält dich nicht mehr.
Wie ein Vogeljunges im Nest,
suchst du die Wärme unter dem Gefieder,
aber ich laß es zu,
gewaltsam stoßen sie dich aus dem Nest —
kein Mensch kann fliegen, Kind.
Und Hektor —
den unbesiegten Speer,
der uns jetzt rettet,
nimmt er sich im Flug!
Da ist kein Hektor,
da ist keiner
und wie wir schreien, Kind,
aus dieser Erde steigt keiner
zu uns herauf.
Da greift kein Toter ein.
Du wirst kopfüber fallen,
tot sein,
weit von mir.

Wie süß du riechst,
als wär ich selbst ein Kind
und schlief' an meiner Mutter Hals.
Für nichts dies nahrhaft süße Leben
genährt, gepflegt, gehalten.
Eines Hirns Ausgeburt
zerschlägt es.
Halt mich noch einmal fest, mein Kind,
und gib mir deine Wange.
Noch einmal.

Den ihr verachtet,
dem ihr unmenschliche Greuel zutraut,
der Barbar,
ist nicht so gesetzlos, wie ihr seid —
Griechen, das Salz der Erde,
ihr seid keine Menschen,
ungriechisch seid ihr selbst,
verdorben.
Was dichtet ihr dem Kind hier an
und bringt es um,
das an nichts schuld ist
und nicht schuld sein kann!
Du, Spartanerin,
du Helena,
nichts an dir ist göttlich,
dein Vater ist kein Gott!
Viele Väter, ich schrei's dir ins Gesicht,
viele Väter haben dich gemacht!
Zuerst:
aus einem Wahn bist du gemacht,
der nur Verfolgung kennt,
der wird verfolgt und
der verfolgt,
der hetzt und wird gehetzt,
daraus bist du gemacht:
aus Neid! Mordgier und Tod!
der Gott verzeih mir —
ich weiß es, Zeus kann nicht dein Vater sein!
Das Leben hat dich nicht gezeugt.
Eine Göttin bist du?
Ja, die Todes-Göttin
Asiens und Griechenlands,
die Todesgöttin aller,
die jemals in deine Augen sahen,
diese gierigen!

Und jetzt,
reißt ihn mir weg,
nimm ihn,
schlepp ihn
und wirf ihn weg,
haut ihn in Stücke,
ihr müßt ja in Stücke haun,
und reißt euch um sein Fleisch!

Und mich verhüllt,
verschleiert die Braut
und werft mich ins Schiff!
Ich will die Lust,
die Hochzeitsnacht genießen!
Ich habe ja kein Kind,
ich hatte nie ein Kind!

CHOR
O Troja,
wegen einer Frau,
für die Begierde eines Mannes
hast du Tausende geopfert
und für nichts verloren.

TALTHYBIOS
Ja, sie war traurig,
deine Mutter,
sie ist nicht mehr da.
Du darfst zu deinem Vater,
in deine Vaterstadt zurück.
Ja, da hinauf, dort, wo's
am höchsten ist.
Du atmest tief ...
Dort oben wirst du sterben.

Nehmt ihn.
Für so etwas braucht man Leute,

die Befehle empfangen,
mitleidlos und furchtbar sicher,
daß das Gesetz und Gott
auf ihrer Seite sind.
Ich trau dem nicht,
ich bin nicht frech genug dazu.

HEKABE
O Kind, Sohn meines unseligen Sohns,
gegen alles Recht,
ohne allen Grund,
nehmen sie dich deiner Mutter und mir.
Nur weil du eines Sohnes Sohn bist,
nur weil du Hektors Sohn und ein Trojaner bist,
wirst du, ein Kind, ermordet.
So machen sie sich selbst ihr Recht!

>   Was ertrag ich noch?
>   Wie halt ich das auf?
>   Was kann ich noch?
>   Warum kann ich nichts tun?
>   Wir sind ohnmächtig.
>   Das können wir tun für dich:
>   die Faust gegen den eigenen Kopf schlagen,
>   die Finger ins eigene Fleisch graben,
>   soviel Macht haben wir noch.
>   Ich klage, ich weine
>   um dich, Stadt,
>   um euch, Kinder!
>   Was fehlt noch,
>   was müssen wir noch leiden,
>   bis es vollbracht ist.

MENELAOS
O dieser leuchtende Strahl der Sonne,
bei dem ich meine Frau endlich
in meine Gewalt bekomme.

Und trotzdem, ich kam nicht wegen dieser Frau
nach Troja.
Eine dumme und schädliche Meinung,
die das glaubt.
Wir führten gegen den Krieg,
der mir die Frau aus dem Haus raubte,
ein Handstreich gegen alles Recht.
Wer kräht nach einem Weib?
Aber er, Paris, versuchte doch etwas,
das zeigen sollte: wir könnten euch vernichten.
Wer mir mein Weib nimmt — ungestraft —
der ist mein Herr, und ich sein Knecht.
Auf Weib folgt Haus, auf Haus folgt Land.
Und darum ging es, wer Herr ist.
Das Recht ist wiederhergestellt
mit Gottes Hilfe.
Sie sind vernichtet,
Gott sei Dank.
Er und sein ganzes Land
sind nie gewesen.
Wir Griechen konnten diesen Krieg gewinnen
und haben ihn gewonnen,
weil wir's wagten.
Ich übernehme die Spartanerin!
Ich nenne sie nicht meine Frau, sie ist's ja nicht.
Ich hole meine Beute ab.
Sie ist doch da — wie andre Beute auch?
Ganz allgemeine Beute,
Zufall, wem sie gehört!
Doch unsre Leute haben sie mir geschenkt.
Die meine Frau war, gehört mir jetzt,
ich mache mit ihr, was ich will.
Ich muß sie nicht töten,
sie stellen es mir frei,
ich kann sie auch als Sklavin
mit nach Hause nehmen.
Es scheint mir klug,

ihr Schicksal gar nicht hier,
in Troja,
zu entscheiden.
Eine Trojanische Heldin
hat uns noch gefehlt.
Ich nehm sie mit aufs Schiff
und auf griechischem Boden
klagen wir sie an.
Der Krieg war
Gott weiß
sehr lang.
Wir haben viele Menschen
und Material verloren.
Also, sollen die Hinterbliebenen sie haben.
Jeder wirft seinen Stein
und hat seine Rache.
(Ich weiß, daß sie sich davor fürchtet.)
Holt sie raus da.
Und — das ist eine Sklavin,
also an ihren Haaren — den blutgefärbten —
schleppt sie da her.
Wenn Wind aufkommt,
wird's Zeit, daß ich sie nach Hause bringe.

HEKABE
O der Erde Erhalter,
du, dessen Bild die Erde ist,
den kein Name, mit dem wir dich rufen,
versuchen kann,
lebendiger Gott,
ob du das Unausweichliche,
ob du die Hoffnung
der Sterblichen bist,
unsre Vernunft —
ich lobe dich, ich preise dich!
Du führst die wirren Schicksale
der Sterblichen

schweigend am Ende doch
auf den Weg des Rechts.

Ich lobe dich, ich preise dich!
Was die verhängt haben über uns,
die wahnsinnigen Verbrecher,
die unser Leben ihre schmutzigen Wege führen wollen,
am Ende, schweigend, richtest du sie doch!

MENELAOS
Was soll das!
Man fürchtet sich, so wie du betest!

HEKABE
Nein, ich rühme dich und deinen Mut,
weil du dein Weib erschlagen läßt,
wie es gerecht ist.
So stehst du doch auf der Seite des Rechts,
Menelaos.
Nur, sieh sie nicht an,
renn weg,
du bist kein Feigling,
wenn du gehst, bevor sie hier erscheint!
Sie gehört dir, ist deine Sklavin, sagst du —
aber die Sklavin ist doch Helena,
und der entkommst du nicht,
der eigenen Begierde,
und siehst du sie,
willst du sie wiederhaben.
Du weißt doch, was Städte stürzt,
Häuser verbrennt,
du kennst ihn doch,
den mörderischen Zauber in den Augen,
ich kenne ihn, und du, wir alle, die wir leiden müssen.

HELENA
Menelaos!
Dieses Vorspiel macht mir beinahe Angst!
So grob! Soviel Gewalt.
Sie haben's doch versucht,
mich vor dich hin zu zerren an den Haaren!
Du hast das doch befohlen, ja!
Du bist nicht beleidigt, du bist mir nicht böse,
nein, du bist fertig mit mir, ich weiß.
Und trotzdem, ich muß mit dir reden.
Konntet ihr euch entscheiden,
die Griechen und du,
mein Leib, mein Leben —
hat sich die Waage schon gesenkt?

MENELAOS
Diesmal täuschst du dich —
es gab nur eine Stimme ...

HELENA
... Volkes Stimme!

MENELAOS
Und wenn schon! Du gehörst mir,
damit ich dich bestrafe,
mich hast du doch beleidigt!
Du wirst sterben müssen.

HELENA
Könnte das nicht ein Fehler sein?
Gerecht, wenn ich sterbe,
sterbe ich wohl kaum.

MENELAOS
Wir führen hier keinen Prozeß.
Das Urteil ist verkündet:
du stirbst.

HEKABE
Du solltest sie hören, Menelaos!
Laß sie nicht sterben,
ohne sich gezeigt zu haben!
Und dann laß mich
die schönen Worte umdrehn, die sie sprechen wird,
was seine schöne Seite zeigt, so blühend, Menelaos,
das stinkt, fault und verwest —
du wirst von ihr geheilt!
Du kennst sie nur als deine Frau,
ich, selber Frau, ich kenn sie durch und durch,
mir entkommt sie nicht.

MENELAOS
Zeitvergeudung!
Aber wenn sie reden will,
kann sie reden.
Bitte!
Weil du mich bittest, Hektors Mutter!
Fangt an!
Für dich tu ich es nicht,
du hast auch nichts zu hoffen!

HELENA
Wahrscheinlich ist es sinnlos, daß ich rede.
Du hörst mir doch nicht zu,
und du begreifst mich nicht,
weil du mich nicht mehr liebst.
Gut, ich sage, was *du* mir sagen willst,
und gebe dir Rechenschaft.
Ich erspar mir nichts —
aber auch dir kann ich nichts ersparen,
wenn wir reinen Tisch machen wollen.
Zuerst:
den Anfang, den wahren Anfang von all dem Bösen,
den hat sie gemacht!
Sie ging doch mit Paris schwanger!

Und wenn sie ihn schon ausgetragen hat,
so hätte doch ihr Mann das Neugeborne
zerquetschen müssen, wie's der Gott befahl!
Hat sie denn nicht — als er noch nicht geboren war
—
geträumt, das Kind bringt Krieg und Untergang!
Sie haben ihr Knäblein verschont.
Und das war Trojas und mein Untergang.
Und wie es weiterging mit ihm,
du hast es oft gehört,
und jeder weiß es.
Aber ich sehe, du hast es nie begriffen!
Paris, der im Gebirge Schafe hütet,
sieht Hera, Pallas Athene
und die Aphrodite.
Und er soll sagen, welche die schönste ist!
Der wagt's, der gibt sein Urteil ab
über dies Dreigespann,
wie sie's verlangen, alle drei!
Und jede versprach ihm was,
wenn sie die Schönste wär.
Du weißt es ja,
doch du begreifst es nicht!
Pallas versprach ihm,
unter seiner Führung sollten die Troer
Griechenland erobern!
Hera versprach ihm, er werde ganz Asien
und Europa
in einer, seiner Hand beherrschen!
Und war das nichts für diesen Knaben!
Und was, wenn sie gewonnen hätten!
Und Aphrodite,
in einem Wettkampf, wer die schönste sei,
schwärmt sie von mir,
beneidet mich
und läßt — mit Worten nur —
meine Gestalt vor ihm erscheinen.

Die geb ich dir, du kannst sie haben —
denn ich bin doch die schönste
von uns dreien, oder!
Und Aphrodite siegte!
Begreif doch endlich, was das heißt!
Da siegte Griechenland über die Troer,
Europa blieb frei.
Denn das hat meine Hochzeit mit Paris
für Griechenland gebracht:
die Freiheit.
Wer schrie und zitterte denn nicht:
Wenn der Barbar kommt!
Kam er denn?!
Nein, er kam nicht.
Ich und was ihr meine Schande nennt,
gab euch den Anlaß, selbst zu kommen!
Weder mit Waffen hat er eure Städte verwüstet,
noch mit anderer Gewalt —
von der du mehr verstehst als ich —
seine Herrschaft errichtet —
in Griechenland herrscht keiner gegen euren Willen.
Euer Überleben als Herrscher
verdankt ihr mir,
ja, weil ich schön bin,
seid ihr die Herrn!
So wird es doch erzählt,
so ist es,
und so muß es bleiben.
Und daß ich Einsatz war, ein Ding
in diesem Spiel von Göttern oder Menschen,
dies Opfer bringt mir jetzt den Tod.
Und die mir eine Krone reichen sollten,
bespeien mich.
Du wirst sagen:
Ja, darum geht's doch nicht! Ich rede doch
von deiner Treue und nicht von Politik!
Oh, ja, ihr sprecht von mir, gerade wie ihr's braucht!

Im Bett bin ich ein Mensch,
und für den Krieg das Bild der Göttin,
das man euch geraubt.
Ich nehme euch beim Wort!
Ich will nicht sterben!
Die Göttin versprach mich ihm —
ich sollte ihn lieben und wurde nicht gefragt dabei.
Wie also, nachdem der Gott der Liebe mich ihm ver-
kauft hat,
sollte ich ihm gehören:
ich mußte ihn ja lieben und dich kränken!
Das war kein kleiner Daimon, mit dem man schachern
kann,
der neben ihm stand, als er kam,
dieser Verfolger, dieser Feind, der Fluch,
den die da ausgestoßen hat: Paris.
Und du, mein Mann,
vielleicht bist du der Schlimmste in dem Spiel,
du bist doch schuld,
du hast mich doch mit ihm allein gelassen!
Du mußtest ja nach Kreta, dein Erbe antreten,
daß dir nichts verloren geht.

Ich frag's nicht dich, ich frage mich im Innersten,
was trieb mich denn —
ich war nicht blind, ich war vollkommen bei Verstand,
ich konnt' es übersehn, was kommen muß und kam,
und trotzdem, oh ja, ich folgte diesem fremden Mann
im Augenblick!
Und wußte, daß ich dich verrate
und mein Land.
Im hellsten Licht tat ich das Schändliche — warum!
Bestraf du Deinen Gott!
Bestrafe Aphrodite!
Dann bist du Zeus,
und mächtiger als Zeus, das Leben,
der herrscht am Himmel wie auf Erden

und doch selbst
winselt er in tausendfältiger Gestalt
der Liebe nach!
Und mir, mir sollte nicht vergeben werden!
Ich weiß, jetzt drehst du mir daraus den Strick:
Als Paris tot war, und Aphrodite
den Zauber von mir nahm, mich fallen ließ —
da hätte ich sofort in deinen Arm mich sehnen müssen
und alles tun, zu dir zurückzukehren und mich
zu den Griechen zu bekennen!
Ich tat es, Menelaos! Ich kann's beschwören!
Es gibt Zeugen. Frage die!
Frag doch die Späher auf den Mauern,
die Torwächter!
Wie oft hab ich mich heimlich, bei Nacht,
die hohe Mauer herunterlassen wollen,
und bin gefallen,
wie oft haben sie mich,
zerschunden und zerkratzt, zerschlagen,
wie oft haben sie diesen Leib
grölend zurückgeschleppt!
Ich wurde mit Gewalt zurückgehalten,
wie Vieh behandelt von dem Mann,
der mich als Erbstück seines Bruders nahm,
zur Frau angeblich, in Wahrheit nur,
um mich zu quälen.
Es half mir nicht, daß selbst die Troer
es dumm und rechtlos fanden,
auf diese Weise allen den Krieg
noch länger aufzuzwingen.
Es half mir nicht und ihnen.
Wie also könnte ich sterben?
Wie also wollt ihr's drehen,
daß es nicht Unrecht und Dummheit wäre,
mich zu töten.
Und tust du es? Kannst du es? Mein Mann!
Paris' Bruder zwang mich zur Ehe,

sie hielten mich gefangen!
Sie brauchten mich
wie ihr mich brauchtet!
Von Anfang an hab ich für euren Sieg bezahlt!
Was war ich denn für Paris und für euch?
Der Preis, der winkt!
Von keifenden Weibern gesteinigt und zerfetzt der Leib
—
und das ist deine Siegeskrone!
Oder war ich nicht gemeint,
war ich nur Anlaß, Vorschub für euch alle!
Ich spreche weiter nicht davon. Ich habe ja gezeigt,
auf welcher Seite ich noch immer stehe.
Und es bleibt wahr,
wir sind nicht Herr im eignen Haus,
und in uns lebt, was wir nicht wissen,
ein Gott, dem nur ein Tor
die Peitsche gibt!

CHOR
Ich hasse sie. Ich muß sie hassen —
und doch, sie lügt ja nicht.

CHOR
Sie lügt, sie muß ja lügen!
Das alles hier
soll wohl ein Witz sein,
Aberwitz,
ein Spiel von Göttern!

CHOR
Du begreifst es nicht mehr.

CHOR
So rede doch, Königin!
Sie muß gesteinigt werden, muß!

HEKABE
Die Götter,
sicher spielen die,
doch nicht mit uns.
Diese Geschichte ist schlecht erfunden
und rechtfertigt nichts.
Nein, glaub sie nicht!
Denn ihren Gott, an den wir glauben sollen,
macht sie lächerlich.
Ich leugne sie ihr nicht, die Götter.
Nein, die Götter widerlegen sie.
Ich würde niemals wagen, den Gott so dumm
zu nennen, wie sie tut.
Wie maßlos töricht müßte Hera sein,
ihr Land, ihr Eigenstes an die Barbaren
wegzuschenken!
Und die männliche Göttin,
Athens Herrin, Athena,
sollte ihren Augapfel, ihren innersten Altar,
Athen den Troern schenken!
Wofür? Für einen blitzenden Augenblick
in einem Spiegel?
Die warfen sich goldene Bälle zu,
kindliches Spiel an einem hellen Tag,
an dem hell und übermütig
die Götter uns vom Himmel lachen.
Das war's.
Paris träumte sich vielleicht
ein Held und Kriegsherr,
Befreier von dem Alptraum aller:
„Wann greift der Grieche an!"
Ein schöner Tag — für einen Buben
zum träumen wie geschaffen.
Das war's.
Ein Kampf um Schönheit, mir gehört der erste Preis!
Was brauchen das die Götter — lächerlich.
Hera ihr Land verschenken und wofür?

Wenn sie die schönste wär — in Paris' Augen! —
wollte sie dann gehn und Zeus betrügen?
Mit wem denn und um was denn zu gewinnen?
Sie, Gottes Gemahl!
Und hinter wem — so sprichst du doch —
war denn Athene her,
in nichts ein Weib wie du und ich.
Die schwächt kein Mann und wär's ein Gott,
die bleibt nicht Jungfrau,
sie ist die Jungfräulichkeit,
so will sie es,
so glauben wir an sie!
Du zeigst auf deine Bosheit
wie auf Eiterbeulen
und schreist: Gott wie schlägst du mich!
Dich schlägt kein Gott,
du bist dir selbst der Gott
und blendest dich und andere.
Nicht uns!
Und Aphrodite selbst stand neben meinem Sohn,
als du ihn sahst und machte dich verliebt in ihn?
Hörst du nicht, wie sie lachen, deine Götter!
Wozu? Ein Wink von ihr und eine andre Welt,
mit Tausenden von Dir,
hätte sie Paris zu Füßen gelegt.
Was braucht es dich dabei, wenn Götter spielen!
Nein, du bist hier, weil du es selber warst,
die dich hierher getrieben hat.

Mein Sohn war schön, er war dir angenehm
und dies:
ich muß ihn haben, ohne ihn kann ich nicht sein,
das hat dich toll gemacht,
und diese Tollheit nennst du Aphrodite.
Weil du's nicht lassen kannst,
muß es ein Gott sein.
Erfindet Namen, die euch unangreifbar machen,

Notwendigkeiten, unabänderliche —
wen wundert's, daß die Götternamen
zu Segen und Fluch in einem taugen!

Nein, du sahst meinen Sohn
und mit ihm unsre ganze Welt,
die alt und reich und von weither
dich ahnen ließ, was Liebe wäre
und Seligkeit und Verschwendung ohne Reue.
Das packte dich,
du wolltest keine Spartanerin mehr sein,
bei harter Arbeit nur ein karges Brot,
auch für eine Königin.
Zur Arbeit findet sich auch eine andere!
Und darum hast du ihn verraten.
Verschwenden, was dir nicht gehört,
und was du nicht ersetzen kannst,
das nennst du einen Gott!
Du blühst, um stinkend zu verderben ohne Frucht.
Dein Blühen kostet Tausende den Tod.
Und du bist keinem treu, verrätst dich selbst.
Wie triebst du's denn, als dieser Krieg
Griechen und Troer in ein Chaos trieb!
Du spieltest nur, als wärest du der Gott,
lachtest dem Paris ins Gesicht,
wenn Menelaos irgendwo gewann
und kitzeltst seine Eifersucht.
Doch wenn wir siegreich waren,
auf kühlem Laken nach der Schlacht,
flüsterst du dem Paris
von Menelaos Dinge,
daß er lachen mußte!
Du wolltest bei den Siegern sein,
um jeden Preis!
Worum die kämpften, hat dich nie gekümmert.
Du hättest zu fliehn versucht!
An Seilen hast du dich die Mauern herabgelassen

und zerschunden!
Woher nahmst du denn die Seile,
wer hat dich je eins knüpfen sehn,
wo sind die Wunden?
Wer hat denn je von einem Widerstand
der Helena gehört?
Wo hast du heimlich nachts ein Schwert,
Stechbares, Haubares dir gebaut —
wie's jede täte, die zu ihrer Liebe hält,
und gegen Gewalt Gewalt zu brauchen lernt.
Du nicht.
Was glaubst du denn, wie dumm,
wie töricht und unerfahren
ich bin, Trojas Königin!
Was flüsterst du ihm zu — zwischen den Worten!
Ein Opfer bist du, ihres, unsres Kriegs?
Oh, sind's die Götter nicht, dann ist es jetzt
ganz Griechenland,
der Vorwand Helena,
schenkt Griechenland die Freiheit!
Lüge, furchtbare Lüge!
Diesen Krieg, den konnte keiner je gewinnen!
Das haben wir bewiesen —
du wußtest nicht, wer siegen würde,
und darum hattest du Angst!

Du konntest das Ende des Krieges nicht gebrauchen
und keinen Frieden!
Mich brachte ich in wirkliche Gefahr:
ich wollte dich heimlich wegführen, nachts,
bis zu den Schiffen deiner Griechen.
Ich, die Königin!
Und wie von einem Gott erflehte ich von Dir
den Frieden für Griechen und für Troer.
Geh, Tochter, geh und schenke uns den Frieden!
Du haßt dies Wort!
Wie eine Rasende, verblendet, schwammst du in

Paris' Gold
und wolltest angebetet sein —
und du wußtest gut, du konntest es so treiben,
solange Krieg war.
Sie wollten doch die Göttin sehn,
für die es sich zu sterben lohnt.
Im Frieden hattest du nichts zu gewinnen:
Arbeit und Liebe, verächtliches Bürgerglück!
Und hätte nicht ein Gott dies alles hier
in fürchterlicher Wut
— ich weiß noch nicht, auf wen —
zu Ende gebracht,
du triebst es weiter so.
Wie sollte man dir Einhalt gebieten,
als indem man dich erschlägt!
Was für ein Auftritt, den du hier versuchst!
Schamlos trägst du den Kopf hoch,
höher noch als er,
vor dem du in Fetzen hier am Boden winseln solltest.
Und welcher Toten hast du dieses Haar gestohlen,
du solltest bleich
mit einer Leiche Schädel gehn!

Begreif mich, Menelaos,
wenn diese überlebt,
sind von hier an für immer Männer,
denen das Weib die Treue bricht,
nur Hanreie, zu einem Lachen gut!
Ihr Tod muß zum Gesetz für alle werden:
Ein Weib, das seinen Mann betrügt, muß sterben.

CHOR
Bestraf sie, Menelaos,
die Ehre deines Hauses steht auf dem Spiel
und die aller Griechen.
Weibisch wär's, dem Weib hier nachzurennen.

MENELAOS
O ja, ich komme zu demselben Schluß
wie du:
Freiwillig hat sie mich verlassen,
freiwillig hat sie mit meinem Gastfreund
mich betrogen.
Sie wollte Paris zum Mann,
und Aphrodite —
sie gibt bloß an mit ihrer Göttin!
Fürchte Gott in meiner Schönheit —
ich kenn sie doch, die Sprüche.
Spreiz dich vor denen, die dich steinigen,
da hast du einen schnellen Tod,
gnädige Rache für das lange Leiden,
das du den Griechen angetan hast.
Ich streite nicht mit Weibern über Politik.
Sie lernt noch, wer hier Herr im Hause ist.

HELENA
Ich falle vor dir nieder, Menelaos!
Laß mich nicht für die Torheit
dieser Göttinnen bezahlen,
mach Schluß mit diesem Spiel,
laß mich heraus da, laß mich endlich raus.
Ich bin lebendig, Menelaos, ich bin da.

HEKABE
Nein, verrate deine Kampfgefährten nicht,
verrate deine Freunde nicht,
sie hat sie umgebracht!
Ich fleh dich an, im Namen aller Toten
und ihrer Kinder,
steinige sie!

MENELAOS
Es reicht jetzt, Alte!
Ich weiß selber, was ich will.

Schafft sie weg, bringt sie auf mein Schiff,
wir wollen jetzt nach Hause.

HEKABE
Sie fährt doch nicht mit dir auf einem Schiff?

MENELAOS
Warum nicht?
Ist sie bei euch zu schwer geworden?

HEKABE
Es gibt doch keinen, der begehrt
und nicht für immer genießen will!

MENELAOS
Hör auf damit!
Liebe ist eine Frage des Verstandes.
Aber ich tue, was du willst.
Sie kommt auf ein andres Schiff,
fährt nicht mit mir.
Es ist ja gar nicht dumm,
was du da sagst.
Und zu Hause angekommen,
wird sie, die Schändliche,
ganz ihrer würdig,
schändlich sterben.
Das wird die andern Weiber
Treue lehren.
Leicht ist das nicht —
den Weibern Treue lehren!
Ihr Tod wird ihre Lust schon schrecken —
und wenn sie noch
begehrenswerter
wollüstiger
sind als die.

CHOR
So hast du
deinen Tempel
und deinen heiligen Altar,
du selbst, Zeus,
hast ihn verraten.

Den Duft
verbrennender Opferkuchen,
den Weiherauch der Myrrhe
— haben wir je das wertvolle Harz,
kostbarer als Gold,
vermischt mit billigem Blut
anderer Bäume,
wie andre tun, tausendfach!
Haben wir nicht
Wagenladungen Gold
ans ferne Asien gegeben
für den Wohlgeruch
deines Hauses, o Herr! —
Deinen eigenen Segen über die Stadt,
hast du verraten.

Die Schluchten des Ida,
den kühlenden Trost
der efeugrünen,
die Wasser des Berges,
schmelzender Schnee
vom Gipfel
und diesen selbst,
den Gipfel des Ida-Gebirges,
der leuchtet, den Tag verkündet,
während noch Nacht ist hier unten.
Die Heimat,
meine und deine,
die heiligen Orte,
hast du verraten.

Da opfert dir niemand mehr,
da wird niemand mehr singen für dich,
die Nächte gehören dir nicht,
keine Nacht wird mehr ein Fest sein.
Deine Bildnisse selbst,
geschmolzene Klumpen
jahrelanger Arbeit und Andacht,
du hast sie verraten.
Ich will wissen, Herr,
kümmert es dich,
kümmert es dich,
dort oben, auf deinem Wolkenthron —
wie weit, wie weit
bist du geflohn
vor der Wut des Feuers,
die uns zerstört?

Mein Mann ist tot,
erschlagen bist du, Geliebter!
Ich darf dich nicht bestatten,
niemand weiß, wo du liegst,
mein Gebet geht irre.
Mich führt ein Schiff
auf schrecklichen Flügeln
ins Land unsrer Feinde.

Wo, Zeus,
sind meine Kinder!
Siehst du hier Kinder?
Hier sind keine Kinder.
In Haufen trieben sie sie
zusammen am Tor.
‚Mutter, ich seh dich nicht mehr!
Ins dunkle Schiff werfen sie mich.
Ich seh dich nicht mehr!'

Wo du auch bist, Zeus,
wenn sie auf See sind,
die Schiffe des Menelaos,
auf hoher See,
da wünsch ich mir,
daß ein Blitz, ein doppelter Blitzstrahl
aus Gottes Hand
mitten aufs Schiff fällt!
Er soll sie treffen, die Spartanerin,
wenn sie den Spiegel, den goldenen,
ihre Lust,
in der Hand hält
und ihn soll er treffen,
Hund und Hündin
sollen sie nie die Heimat,
Sparta erreichen!

CHOR
Wir sind noch nicht am Ende,
wir schreien noch, daß wir nicht aushalten,
nicht ertragen —
da kommt Schwereres.

Schaut Troerinnen,
Untröstliche, schaut:
sie bringen ihn selbst,
die Griechen,
die ihn von der Burg geworfen haben,
ein lebendes Geschoß.

TALTHYBIOS
Hekabe, wir sind
sehr in Eile.
Neoptolemos hat abgelegt,
eins seiner Schiffe wartet noch,
die Ruder schon besetzt —
sie warten noch auf seine Beutestücke.

Er mußte weg.
Nachrichten aus der Heimat, schlechte.
Andromache mit ihm.
Ich möchte das nicht noch einmal sehn,
so wie sie Abschied nahm von ihrem Kind
und ihrem Land.
Sie nahm meine Tränen mit. Ich werd wohl
wegen nichts mehr weinen
nach diesem Krieg.
Andromache bat, daß der Knabe
bestattet wird — hier und von dir.
Sie brachte Neoptolemos so weit,
daß er den Schild hier,
den Griechenschreck,
den Schutzschild Hektors,
dem Knaben ließ.
‚Nimm ihn nicht mit, was willst du denn mit ihm —
was soll er — über unserm Bett.
Er macht mich traurig, ich bin deine Braut ...'

Sie wird wohl Kinder mit ihm haben —
denke ich.
Die sind wie Pflanzen
in der Wüste,
die ich gesehn hab —
ganz verdorrt und tot,
so überleben sie,
bis Regen kommt.
Geht es mich an?

Der Schutzschild soll des Knaben
Sarg sein — statt Zedernholz
(das nicht vermodert).
Dieser Rücken aus Erz,
der wird ihn wenig schützen.
Du Hekabe, du sollst den Leichnam schmücken,
so gut du kannst.

Beeilt euch,
ich schau nicht zu,
ihr könnt ihm geben,
was ihr noch gerettet habt.

Ich hab das Schwerste schon für dich getan,
als wir ihn durch den Skamandros trugen,
hab ich die Leiche abgewaschen
und die Wunden gespült.

Klagt nicht zu lange —
es ist Zeit.

HEKABE
Dort legt ihn auf die Erde,
den furchtbaren Schild.
Hektors Schild,
er trug ihn immer nah an seiner Brust,
fast wie ein Panzerhemd,
ganz anders als die andern,
die ihn — ängstlich — weit von sich halten,
sich zu schützen.
Nein, es ist alles furchtbar, was er jetzt bedeutet!

Warum mußtet ihr das Kind ermorden?
Oh, ihr seid stark, strahlende Sieger,
hochgerüstet —
euer Geist hält euren Waffen nicht die Waage!
Warum denn soviel Angst vor einem Kind!
Daß er, Astyanax, Hüter der Burg,
Troja wieder erbaut
und zu neuer Macht bringt —
eines Tages?
Das fürchtet ihr in einem Kind!
Ein lächerliches Nichts seid ihr, die Sieger —
wir haben diesen Krieg verloren gegen euch,
trotz Hektor und trotz tausend andrer Tapferer,

ihr habt sie doch besiegt,
und nun, da Troja gefallen ist,
die Troer ausgerottet,
fürchtet ihr ein Kind,
ihr fürchtet euch so sehr, daß ihr's ermordet!
Was, was ist denn das für eine Furcht?
Ihr wißt es nicht einmal.
Wie ich euch verachte.

Wie grausam, unzeitig kam dein Tod, mein Kind.
Wenn du gestorben wärst für deine Vaterstadt,
gefallen, ein junger Mann in seiner vollen Kraft,
und hättest schon ein Weib und wärest Herrscher,
gottgleich —
dann wärest du jetzt selig,
wenn irgendetwas davon selig macht.

Du sahst es vor dir liegen,
es wartete auf dich:
O ja, du hörtest von Kämpfen,
von Frauen auch
und Herrscher werden über Asien.
Nun weißt du nichts davon
und nichts davon hast du gelebt.
Dein Erbe, das dir doch zu Füßen lag —
nichts hast du je davon besessen.

Ein Kind von einer Mauer stürzen,
weil es einen Namen trägt wie du!
Hab ich's zu laut gesagt?
... nur so kannst du dein Kind hier retten,
zum Mann erziehn,
daß sein Name, Hüter der Stadt,
sich noch als wahr erweist ...
Odysseus und ich — wir beide?

Du Armer,
wie haben die Mauern,
von Apoll zum Schutz gebaut,
wie haben sie
den Kopf dir kahl rasiert,
die Locken,
den Stolz, die Freude deiner Mutter —
‚Wie Blumen richtet sie dem Kind die Locken‘ —
und immer hat sie sie geküßt —
da, wo sie waren, klafft eine Wunde, Kind,
die grinst mich an.
O Hände, ein sanftes Bild des Vaters,
Hektors Hände,
aus dem Gelenk gerissen,
so liegt ihr da, als gehörtet ihr
gar nicht zu ihm.

Wo ist dein Mund, der kleine, laute,
der Prahlhans, der mich nun belogen hat.
Hast du mir nicht versprochen,
und schmiegtest dich dabei an mich:
Du, Großmama,
für dich und wenn du stirbst,
schneid ich mir selbst die vollen Locken ab,
viele,
und opfere sie dir.
Und alle, alle meine Freunde bring ich
an dein Grab.
Wir singen dir das Abschiedslied.

Du — nicht mich, aber ich dich,
den Jüngeren —
ein altes Weib,
ohne Heimat,
ohne Nachkommen,
Unglücklicher, ich
begrabe dich Toten.

Ach, unsere Umarmungen,
wenn ich dich gefüttert habe,
und wenn du bei mir schliefst,
dich genährt,
gepflegt,
dein Wachsen
schlaflos bewacht —
es ist dahin.
Der Vers auf deinem Grabstein,
was könnte er von dir nun erzählen, Kind?
Dieses Kind ermordeten die Griechen
aus Angst vor ihm.
Ein Schandmal für die Griechen —
keine Grabschrift für dich, mein Kind.

Du hast nichts geerbt
als diesen Schild, der deinen Vater schützte,
den die Griechen selbst —
den ‚Griechenschreck' nannten sie ihn.
Da — abgegriffen von Hektors Hand, und da,
der Schmutzrand, Hektors Schweiß,
wie bitter-süß faßt sich das an.
Schmücken wir den Toten,
was wir haben, muß ihm genügen,
die Götter selber wollen es so.

Der Mensch ist dumm,
der, wenn's ihm gut geht,
sein Leben ihm gelingt,
glaubt, das müßte ewig weitergehn!
Das Glück ist wie ein Mensch:
er weiß nicht, was es will.
Das Glück ist ein Schwachsinniger,
der Sprünge macht.

CHOR
Wir bringen dir,
was wir gerettet haben.

HEKABE
Ich schmücke keinen Sieger Kind!
Nicht weil du deine Kameraden
bei Reiterspielen
oder im Bogenschießen
besiegt hast,
trägst du diesen Rest von deinem Erbe.
Sie hat es dir geraubt,
sie, vor der die Götter selbst sich ekeln müssen,
die Spartanerin,
sie hat auch dich ermordet,
ausgerottet unser ganzes Geschlecht.

CHOR
Du schneidest, schneidest mir ins Herz.
Du solltest mein Herr sein, einst,
Herr über eine gesegnete Stadt!

HEKABE
Dies hätt ich dir zu deiner Hochzeit umgelegt,
zu deiner Vermählung mit Asiens mächtigster Frau.
Dich schmück ich auch,
siegreicher Schild.
Zerfallen, vermodern wirst du
mit dem Toten,
aber doch unsterblich bleiben.
Sie werden dich besingen,
ruhmreicher wirst du sein
als des Odysseus Waffen,
die uns geschlagen haben.

CHOR
Ach, bittere Klage ...
Komm, stöhn, ächze, schrei, schrei doch ...

HEKABE
Laßt mir doch Zeit!

CHOR
Schrei, schrei den Jubelschrei für die Toten!
Ich schreie, ich klage,
da ist kein Ausweg, wir
entkommen ihr nicht, der Not.

HEKABE
Die Wunden kann ich mit Fetzen
dir verbinden Kind. Ein Arzt,
der nichts mehr heilen kann.
Bei den Toten wird dein Vater
für dich sorgen.

CHOR
Und meine Mutter,
und mein Kind,
wo ist mein Kind.

Helft, helft mir,
ich, ich weine nicht —
ich weine gar nicht mehr.

Hilf, hilf, Hekabe, Königin,
schrei, schrei es heraus!

HEKABE
Nichts, nichts anderes als nur Leiden
hatten die Götter für mich.
Und Neid und Haß
mehr als für irgendeine andere

mächtige, glückliche Stadt,
nur Haß
für Troja.
Sie lachten über unsere Opfer.
Sie lachen.
O ja, das Werk der Götter:
unser Ruhm!
Das Oberste zu unterst kehren,
die Erde auf den Himmel stürzen —
ein Spiel der Götter,
damit wir sichtbar würden
aller Welt:
ein Lied!
Ruhmvoll und ewig das Lied,
das unser Leid besingt
zur Ehre der Götter
für die,
die nach uns kommen.

Klanglos und ungenannt
blieb Troja,
wäre es glücklicher,
das Leid, das Leid macht uns
unsterblich.

Bereiten wir ihm sein klägliches Grab.
Wir haben unsre Pflicht an ihm getan.
Er trägt sie ja, die Totenkränze.
Die Wahrheit ist, daß es die Toten wenig kümmert,
mit welchem Schmuck und Reichtum
man ihren Leichnam
noch behängt.
Es ist nur Eitelkeit der Lebenden.

CHOR
Wie unglücklich ist die Mutter dieses Kinds,
deren Hoffnung, deren Leben

wir hier verscharren.
O schrecklich laut
warst du gelobt, gepriesen,
dein Glück beschrien
als deines Vaters Sohn.
Wie elend glücklos ist dein Tod.

Da, auf der Burg,
seht ihr,
sie tragen Fackeln
und unheimliche Glut
in ihren Händen!
Etwas Neues,
Schreckliches,
haben sie da für Troja
sich ausgedacht.

TALTHYBIOS
Hauptleute, es ist gut so,
macht zu,
ihr sollt Troja
einäschern,
nicht ewig die Glut, das Feuer
schützen!
Es ist gut so!
Werft das Feuer!
Troja soll nie gewesen sein,
ein Aschenhaufen,
nichts in unserem Rücken!
Vorher segeln wir nicht ab.
Macht Männer,
beeilt euch,
wir wollen heim!

Ihr Frauen,
wenn ihr die Trompete hört,

rennt zu den Schiffen,
denn sie segeln ab!

Und du — sie sind doch alle tot,
sind alle weg, du bist allein.
Komm, geh selbst,
die warten dort auf dich,
Odysseus' Leute.

HEKABE
Ja, es ist der letzte Schritt,
da bin ich am Ziel.
Jetzt hab ich meine Leiden
wohl erschöpft.
Dort die Fremde
und hinter mir
brennt meine Stadt
zu nichts.

Kommt, Füße, so schwer es ist,
ich will doch Troja sehn
und Abschied nehmen!
Unser Troja —
der stolzeste Name in ganz Asien,
ich bin ein Trojaner —
ein nichts,
sie brennen dich zu nichts
in einem Augenblick,
und wir sind Sklaven
ohne Namen.
Oh Gott, hilf!
Warum ruf ich jetzt Götter an?
Grad eben noch und vorher schon und früher
und immer —
hörten sie nicht.
Sie hören es gar nicht,
wenn wir zu ihnen beten.

Ins Feuer,
ja Füße, rennt,
ins Feuer, ich lauf ins Feuer,
ja, so bring ich es zu einem guten Ende,
mit dir, Vaterstadt,
verbrenn ich.

TALTHYBIOS
Königin!
Die Schmerzen
machen dich wahnsinnig!
Gib auf! Komm,
ich muß dich mit Gewalt
wegschleppen lassen.

HEKABE
Soll ich nicht schreien,
soll ich nicht zum Himmel schreien!
Du, Sohn des Chronos, Zeus, du!
Unser Herr, du Herrscher der Trojaner,
unser Vater, du,
siehst du's, siehst du,
was wir erdulden,
unwürdig, deiner,
unserer unwürdig!

CHOR
Er sieht es.
Er sieht es besser als du!
Er hat ja einen Ehrenplatz!
Große Stadt — keine Stadt!
Da — fort. Fort — da.
Und weggewischt!
Es gibt kein Troja mehr.

HEKABE
Es brennt nicht. Steine
brennen doch nicht.
Troja, das ganze Troja eine Flamme,
Fackel in einer Hand?
Die Häuser, die Burg, die Mauern
eine Flamme, nur eine Flamme
brennen sie nieder.

CHOR
Da, sie steigt
zum Himmel
mit Flügeln,
wie Rauch
vergeht sie
die Stadt.

HEKABE
Aber du, Erde,
Ernährerin meiner Kinder!

CHOR
Ach!

HEKABE
Kinder, ich rufe euch,
erkennt ihr mich,
hört ihr,
eure Mutter, sie ruft euch!

CHOR
Du schreist nach den Toten.
Kommen die Toten jetzt wieder?

HEKABE
Ja, ich liege am Boden,
die greise Königin,

ich schlage die Erde,
ich schreie, ich rufe
die Erde, die Toten!

CHOR
Ich auch, ich schreie,
ich ruf ihn herauf
meinen Mann, den Toten,
ich ruf sie die Unterwelt,
die Toten,
ihr müßt, ihr müßt,
ihr müßt doch eingreifen.

HEKABE
Ich liebe, ich liebe
doch diese Stadt!

CHOR
Wir ertragen es alles!

HEKABE
Du gehst unter, wirklich,
bist nicht mehr da.

CHOR
Sie stürzt,
zur Erde,
zur geliebten,
stürzt sie.
Steine auf Erde
namenlos.

HEKABE
Asche und Staub
meine Stadt.
Ein Bild aus Rauch
am Himmel,
das zergeht.

CHOR
Unauffindbar,
ein Name ohne Land,
ein Land ohne Namen,
unauffindbar, unkenntlich,
niemals gewesen —
es zerfällt,
es gibt kein Troja mehr.

HEKABE
Hört ihr?
Begreift ihr?
Erkennt ihr's?

CHOR
Das Krachen ...
die Burg.

HEKABE
Es bebt, ein Beben,
die Erde bebt ...

CHOR
Die Stadt versinkt ...

HEKABE
Mein Leib, mein Leib,
mein zitternder Leib,
nimm mich mit,
trag mich weg!
Komm, auf,
der Tag fängt an,
an dem ich Sklavin werde.
Ich werde Sklavin sein.

Nachwort

1

Diese Tragödie bildet den Schlußteil einer troischen Trilogie des Euripides. Sie versetzt uns an den Strand von Troja in die Nähe eines kleinen, jetzt öden Heiligtums des Poseidon. Dieser Gott, der das Erdinnere und die Meere regiert, erscheint, um über die Verwüstungen der siegreichen Griechen Klage zu führen: die Heiligtümer sind geschändet, Mord und Greuel im Taumel des Siegs begangen. Jetzt, ernüchtert, betreiben die Griechen systematische Ausrottungspolitik: alle Männer und Knaben in Troja werden getötet, die Frauen und Kinder versklavt, den Heeresgruppen durchs Los als Beute zugeteilt. Mörderisches wird kultisch verbrämt: Polyxena, die jüngste Tochter des trojanischen Königshauses als Opfer dargebracht, Opfer für eine glückliche Heimfahrt. Der Gott grollt jedoch angesichts der Nichtachtung alles Heiligen, und zu ihm tritt Pallas Athene, die Schutzgöttin der Griechen, besonders der Athener. Sie erbittet seine Hilfe, denn sie will die Griechen für ihre Frevel strafen. Zwar wirft ihr Poseidon vor, daß sie selbst durch die Begünstigung der Griechen das Unheil herbeiführen half, aber er willigt doch in die Sturmverfolgung der griechischen Schiffe ein: Frevel am Heiligen muß Vergeltung nach sich ziehen. Diese Warnung richtet der Gott an die Zuschauer:

> So gottlos dumm der Sterbliche,
> der Städte zu Asche brennt,
> der Sieger, der
> Altäre und Gräber,
> das Allerheiligste
> der Toten
> zur Wüste macht –
> selbst am Ende dem Tod geweiht –
> und glaubt,
> er könnt' es überleben.

Beim Vorratszelt der Truppen des Agamemnon sieht dann der Zuschauer in der Morgendämmerung die greise Königin Hekabe erwachen. Nur den unruhigen Schlaf der Erschöpfung hat sie hinter sich, dennoch muß sie sich wie eine Bewußtlose zurechtfinden: Troja ist gefallen, geplündert, zerstört — Priamos, der König und ihr Gatte, vor ihren Augen am Altar des höchsten Gottes vom griechischen Fürsten Neoptolemos abgeschlachtet — fünfzig Söhne im Krieg erschlagen —, die Töchter und Schwiegertöchter verschleppt. Troja ist nicht mehr! das muß sie sich vergegenwärtigen, um es zu begreifen. Sie ermahnt sich jedoch, nicht der Klage zu verfallen. Sie hat heilige Pflichten: sie ruft die bei ihr verbliebenen Frauen zum Totenritus.

Die Frauen sind voll Angst. Sie als einzige wurden noch nicht verlost. Sollen sie abgeschlachtet, geopfert werden? Sollen sie der Soldateska für eine Siegesorgie freigegeben werden? Schmerzlich wird ihr Ausgeliefert-Sein, ihre Recht- und Schutzlosigkeit zu Bewußtsein gebracht, schmerzlich auch die Hoffnung, die sich die Frauen noch immer machen: diese Landschaft, jene Stadt haben sie von den Griechen rühmen gehört, besonders „das gerechte Athen". Vielleicht kommen sie dahin? Wie ein Glück im Unglück erscheint das. Schon werden die Schiffe der Griechen bemannt, da kommt Talthybios, der Herold, mit Aufträgen der Fürstenversammlung. Er teilt den Frauen mit, was mit ihnen geschehen soll: sie sind verlost, werden deportiert — Arbeitstiere, Beutevieh. Hekabe fragt nach dem Schicksal ihrer Töchter und Verwandten. Allen ist Schande, Erniedrigung oder Tod zugedacht. Kassandra, die Priesterin Apollos und Prophetin, wird von Agamemnon als Mätresse beansprucht — eine besondere Demütigung, da zu diesem Priesteramt kultische Keuschheit gehört. Andromache, Witwe des trojanischen Nationalhelden Hektors und Mutter des Königserben Astyanax, soll Neoptolemos, den Schlächter des Königs heiraten, Polyxena getötet, Hekabe selbst dem Odysseus, durch List der eigentliche Zerstörer Trojas, als Sklavin zugeteilt werden.

Die scheinbar mitleidsvolle Freundlichkeit des Talthybios zerfällt sofort, als er den Eindruck hat, Kassandra wolle sich in ihrem Zelt durch Selbstverbrennung ihrer Demütigung entziehen. Der Fackelschein gilt jedoch einem Fluch-Ritual, das Kassandra gegen die Griechen richtet. In prohetischer Ekstase tritt sie auf und stimmt statt der Klage den heiligen Hochzeitsgesang an: ihre erzwungene Verbindung mit Agamemnon, dem obersten Feldherrn der Griechen, wird

Anlaß zu seinem Untergang und dem seines Hauses sein. Klytemnästra, seine Frau, wird den König von Mykene bei der Heimkehr erschlagen, Orest, sein Sohn, ihn an ihr rächen. Die Prophetin erkennt auch, daß sie selbst in diesen Untergang einbezogen und einen viehischen Tod erleiden wird, aber sie begreift sich selbst als heilige Rächerin der vergewaltigten, vernichteten Heimat. Sie gibt den mitgefangenen Frauen eine Sinndeutung des Kriegs als eines Kampfs um die Heimat, weissagt das durch Frevel selbst verschuldete Leiden der Griechen. Freiwillig folgt sie dem Talthybios, und, die Götter anklagend, vergeblich in der Vergangenheit einen Halt suchend, bleibt Hekabe zurück.

Die gefangenen Frauen erinnern sich ebenfalls: erst war da der Jubel über den vermeintlichen Abzug der Griechen — jeder Zweifler wurde niedergeschrieen, niedergemacht! Dann folgte die selige, trunkene Feier: das heilige hölzerne Pferd wurde zum Burgberg gezogen, und in der Nacht krochen die bewaffneten Griechen heraus, das Schlachten begann. Klar erkennen sie, daß sie, die Überlebenden, nichts sind als menschliches Arbeits- und Zuchtvieh.

Diese Bestimmung tritt noch einmal klar hervor im Schicksal Andromaches, die jetzt auf einem Beutewagen mit ihrem Söhnchen vorbeigeführt wird. Während Hekabe und Andromache die Stadt beklagen, Andromache der Schwiegermutter vom Ende der Polyxena berichtet und sich selbst tot wünscht, da sie nun die Hektor über den Tod hinaus gelobte Treue nicht halten kann, kommt Talthybios wieder. Auf Rat des Odysseus hat die griechische Fürstenversammlung beschlossen, Astyanax, Hektors Sohn und Erben, vom Turm zu stürzen, zu zerschmettern, denn an ihn knüpft sich die Verheißung, er werde Troja wieder aufbauen. Das soll verhindert werden. Andromache nimmt Abschied von ihrem Kind, gebrochen geht sie Neoptolemos entgegen. Talthybios führt das Kind ab, seinen Auftrag unter geheuchelten Entschuldigungen prompt erfüllend. Entsetzt und empört bleiben die Frauen mit Hekabe zurück.

Dann tritt Menelaos mit seinen Soldaten auf. Ihm hat die Versammlung die gefangene Helena zugesprochen, er will sie, seine frühere Frau, die ihn mit Paris verließ, abholen. Ihr Ehebruch gab einst den Anlaß zu dem jahrzehntelang geführten Krieg. Ihr Leben ist verwirkt. Menelaos genießt diesen Gedanken. Da erscheint sie, ist sich noch immer ihrer Schönheit und deren Wirkung bewußt, die jedoch Hekabe abzuschwächen sucht, indem sie Menelaos an die Vergangenheit erinnert. Menelaos macht sich den Spaß, von Helena eine Verteidigungsrede zu hören. Ungemein kühl, klug und leidenschaftlich rechtfertigt sich Helena: sie war nur Spielball der Götter und der Politik, ein Vorwand und ein Opfer. Ebenso leidenschaftlich widerspricht Hekabe: nicht die Götter, die Menschen müssen die Verantwortung für das, was sie tun, tragen, alles andere ist Heuchelei, vieldeutiges, zweckgebundenes Ausweichen in Worte und Begriffe, ist Propaganda. Aber Helenas mörderischer Zauber von Gier und Besitz ist siegreich in diesem prozeßartigen Redestreit, denn Menelaos, der die Macht hat, hat auch das Recht. Er läßt Helena unter Drohungen auf sein Schiff bringen, das bedeutet Versöhnung — wie jeder Grieche aus dem Homer wußte.

Die Frauen beginnen danach eine verzweifelte Anklage des Zeus, dem Gott des Rechts. Sie stellen seiner Gleichgültigkeit ihre Leiden gegenüber, die noch einmal scharf beleuchtet werden. Da läßt Talthybios ihnen und der Königin den Leichnam des Astyanax zur Bestattung hertragen, und in gewaltiger Klage faßt Hekabe die Leiderfahrung ihres Hauses und Volkes zusammen. Noch einmal zeigt sie sich als Herrscherin, indem sie dem sinnlosen Schrecken der Wirklichkeit Bedeutung verleiht: die Tiefe und das Ausmaß der Leiden machen Troja zum Gegenstand der menschheitlichen Erinnerung, zum Gegenstand des Rühmens und der Dichtung; im Lied wird Trojas Leid unsterblich.

Gegen diese Deutung steht unmittelbar das Verbrennen der gefallenen Stadt, das Talthybios betreibt. Im Rücken der abziehenden Griechen soll keine Gefahr mehr lauern, nichts mehr sein: verbrannte Erde.

Zutiefst entsetzt schwören die Frauen den obersten Göttern ab und rufen die Toten zu Hilfe — umsonst. Nichts bleibt ihnen als der Gang auf die Schiffe, das nackte Weiterexistieren. Doch Hekabe, zum letzten Mal ihr Sein politisch und vorbildhaft begreifend, nimmt zuletzt ihr Sklaven-Dasein an: es gewährt Menschlichkeit in einer grausamen, götterlosen Welt, die sonst ohne Gedächtnis der Unterdrückten bliebe.

2

Indem Alfred S. Kessler diesen skizzierten Gang der euripideischen Tragödie in seiner Neufassung genau nachvollzieht, ohne ihn nach eigenen Absichten umzubiegen oder abzulenken, macht er Euripides zu unserem Zeitgenossen. Wir begreifen, daß Euripides alles getan hat, um die Ereignisse und die Beteiligten dem Zuschauer unmittelbar fasslich zu machen. Wie ein Programm drückt das Poseidon im Prolog aus:

> „Und muß denn einer
> wirkliches Elend sehn,
> daß er begreift,
> hier kann er's."

Dazu gehört, daß alle mythischen — nicht die erzählenden — Hintergründe, nachdem die Göttergestalten verschwunden sind, zurückgedrängt werden. Helena, die aus ferner Vergangenheit herüberleuchtende Tochter der rächenden Nemesis und des Zeus, der Todesengel, wird gänzlich wie eine kluge, glanzvolle und durch und durch ichbezogene Fürstin gezeigt. Hekabe, deren Verwandlung in eine Hündin, die Gestalt der namensähnlichen Unterwelts- und Hexengöttin Hekate Euripides in einer früheren Tragödie behandelt hatte, bleibt die leidende, mit ihrem Schicksal bis zuletzt aufs äußerste ringende Frau. Kassandra ist nicht mehr die schöne Seherin, für die der Gott selbst in Liebe entbrennt, und der ein Fluch auferlegt ist; Andromache, Stammutter künftiger Könige, ist hier nicht Heroine, sondern empfindend, leidenschaftlich, außer sich. Alles ist klar, alles ist durchsichtig, alles ist menschlich — auch das Schauderhafte eines Beauftragten wie Talthybios, dessen scheinbare Rücksichtnahme nur dem reibungslosen Vollzug dient. Seine Sentimentalität ist Ausdruck seiner Brutalität: er weist auf den Typus Eichmann voraus. So ist alles auf Zeugenschaft, Zeitgenossenschaft angelegt.

Tatsächlich ist dies Zeitgenössische immer als Absicht des Euripides gesehen worden. Die trojanische Trilogie, deren Schlußstück wir vor uns haben, wurde im Frühjahr 415 v.Chr. in Athen aufgeführt. Euripides hat sie wohl ein Jahr früher, 416 v.Chr., konzipiert und geschrieben. So jedenfalls vermutet Gilbert Murray, der die Absichten des Dichters mit der Eroberung der Insel Milo (Melos) durch die Athener in diesem Jahr in Verbindung bringt. Thukydides berichtet darüber im sechsten Buch seiner Geschichte des peloponnesischen Krieges, und dieser Bericht ist berühmt, denn der Historiker fügte den Dialog zwischen den athenischen Gesandten und dem Rat der Melier in den Bericht ein. Darin arbeitet er klar die Prinzipien reiner Machtpolitik und schamlosen Raubkriegs heraus, die hier von den Athenern vorgetragen und vertreten werden. Der Bericht bei Thukydides schließt: „Sie (die Athener) brachten alle Männer zu Tode, die sie im mannbaren Alter fanden, die Frauen und Kinder machten sie zu Sklaven. Und sie sandten später fünfhundert Kolonisten aus und nahmen das Land in Besitz." — Hier wird auf die knappste Formel gebracht, was keineswegs ungewöhnlich für die Kriegsführung der damaligen Zeit war. Schockierend mußte jedoch wirken, was Euripides unternahm, nämlich den Athenern mit dem Ende Trojas die Besiegten, die kaum noch Überlebenden, grausam Gedemütigten vorzuführen. Alles, was Mitleid und Empörung wecken konnte, wurde eingesetzt: die elend auf Steinen liegende Königin, die vergeblich die Töchter und Enkel zu retten versucht, die sie zuletzt als zerschmetterten Leichnam notdürftig und unwürdig bestatten muß; die gefangenen Frauen in ihrer Schutzlosigkeit und Verzweiflung und in ihrer ständig getäuschten Hoffnung. Wie schneidend muß dem denkenden, fühlenden Athener der Wunsch der zur Deportation Bestimmten geklungen haben, doch ja ins „glückliche, gerechte Athen" verbracht zu werden! War Athen noch gerecht?

Athen rüstete zur selben Zeit, in der Euripides seine Tragödie schrieb, die Flotte zum Raubzug gegen Sizilien aus. Es war der größte Rüstungsaufwand, die größte Kriegsanstrengung, die Athen bis dahin in der Auseinandersetzung mit Sparta unternommen hatte. Syrakus sollte überfallen und erobert, die Getreidelieferungen für Sparta und dessen Freunde verhindert, aber auch die endgültige Vormachtstellung im Mittelmeer erobert werden. Vor dieser Expedition konfrontierte Euripides die Angreifer mit dem Bild der Unterliegenden. Es war eine prophetische Warnung: die Athener unterlagen, die Flotte wurde vernichtet, das Heer gefangen. Nur wenige entkamen aus den Steinbrüchen von Syrakus. Die meisten gingen dort elend zugrunde. Im Jahr 413 v.Chr. wurde Euripides damit beauftragt, den Gefallenen das Gedenk-Epigramm zu dichten. Indem Euripides die Opfer des Krieges gezeigt, die Zuschauer zu ihren Gefährten gemacht hatte, bezeugte er das Ringen um Frieden, Gerechtigkeit und Menschlichkeit in Athen. Wird er zu unserem Zeitgenossen, wie in der vorliegenden Fassung, kann er uns helfen, unseren Willen zum Frieden, zur Gerechtigkeit und Menschlichkeit zu stärken.

3
Hierin können wir Euripides als unseren Zeitgenossen ansehen, doch bleibt er uns in Kesslers Übertragung auch fremd — fremder als bei Sartre oder Walter Jens, die die Götter zu ihren eigenen Sprachrohren machen, während sie wie Euripides in zwar verständlicher, doch unheimlicher und bedrohlicher, auch segnender Machtfülle erscheinen. Die Götter sind und walten, und doch entziehen sie sich den Menschen, die in ärgste Erniedrigung und Verzweiflung stürzen: nirgends ist Hilfe, Rettung, Halt. Hekabes Monologe sind auch Gebete, sind Versuche, mit dem verborgenen Gott der Geschichte zu rechten, ihn zur Antwort zu zwingen. Er schweigt. Den Zuhörer befällt die Ahnung, daß nur eine radikale Umkehr alles Gewohnten, nur ein Annehmen des Daseins ohne Besitz, ohne Macht das Ohr schärfen könnte für eine Antwort. In der Furchtbarkeit der Ereignisse geschieht hier nicht allein das Ringen um das Sein der Götter, die warnen, verstummen, verschwinden — es scheint auch ein Ringen um einen noch verborgenen anderen Menschen, den die verbrannte, verwüstete Erde braucht. Jedoch aufersteht das zerschmetterte, zerstückte Kind nicht, das den Namen „Hüter der Stadt" trägt, und das ein Friedenskönig hätte sein sollen: Immanuel.

4
Kesslers Neufassung trägt den Namen „Das Ende des Krieges"; sie will an Erfahrungen der Geschichte erinnern, so die Epochen seit Trojas Ende, seit Euripides mit uns verbindend. Sie möchte aber auch die Gedanken auf die Voraussetzungen lenken, die von uns geschaffen werden müssen, damit Krieg ein Ende hat. Sie wurde an den Bühnen der Stadt Bielefeld am 26. November 1983 uraufgeführt.

Alexander Gruber

Medea
Amme
Chor der korinthischen Frauen
Kinder der Medea
Jason
Kreon
Aigeus
Pädagoge
Sklave

AMME
Warum mußte als einzigem Schiff gerade der Argo
gelingen, durch die tödlichen Felsen bis zu uns nach Kolchis zu kommen.
Hätten sie niemals in Griechenland auf dem Pelion die
Fichten gefällt für dieses Schiff
und niemals diesen Helden auf der Jagd nach dem goldenen Fell
ein Ruder in die Hand gegeben.
Medea hätte Jason nie gesehen.
Die Liebe hätte meine Herrin niemals überwältigt.
Wir wären jetzt nicht hier, im Ausland, in Korinth,
wohin wir fliehen mußten aus Jolkis,
wo Medea die Töchter des Königs betrog, des Pelias,
die ihren Vater ermordeten — unschuldig.
Die Bürger hier gaben Medea und Jason Asyl,
ja, die beiden machten sich beliebt hier in Korinth.
Auch die Ehe zwischen Medea und Jason ging jahrelang gut.
Wie es uns Frauen Schutz und Seligkeit verspricht,
so handelte Medea jahrelang:
in allem ihrem Jason untertan.
Aber jetzt hassen sie sich und im Streit zerfällt, was gut war.
Jason wirft Medea, wirft seine eigenen Kinder weg.
Er schläft jetzt in königlichem Bett
und heiratet die Tochter Kreons, der hier König ist.
Medea, die unglückliche, betrogne,
schreit nach den Rachegöttern unten,
klammert sich an die Eide, die sie sich geschworen haben,
ruft nach den Göttern, ihren Zeugen
und betet um ihren Fluch auf Jason.
Sie hungert, liegt ohnmächtig, mit zerschlagnem Leib,
verwüstet sich im Schmerz.
Sie weint.
Sie stiert vor sich und schlägt sich den Schädel wund.
Ich könnte genausogut mit Felsen sprechen oder mit dem Sturm
am Meer,
unnahbar wie sie ist.
Nur manchmal hebt sie den schönen weißen Hals und klagt,
leiser, um den geliebten Vater und die liebe Erde,
Heimat und eigene Wohnung.
Das alles hat sie verlassen für Jason.
Der tötet sie jetzt mit seiner Kränkung.

PÄDAGOGE
Nichts. Ich habe nichts gesagt.

AMME
Wir sind beide Sklaven
und beide in der Fremde.
Keine Geheimnisse vor mir.
Wenn es sein muß, sage ich Medea nichts.

PÄDAGOGE
Ich habe gehört, zufällig, —
also ich belauschte die Alten beim Würfelspiel am Brunnen —
sie haben beschlossen, oder Kreon will es so,
daß Medea und die Kinder aus dem Land müssen.
Sie wollen sie vertreiben.
Ich hoffe für sie und uns, daß es nur ein Gerücht ist.

AMME
Jason tut das seinen Kindern niemals an.
Das duldet er nicht.
Vielleicht haßt er die Mutter, aber die Kinder haßt er nicht.

PÄDAGOGE
Im Bett mit einer neuen Braut,
was zählt denn da Vergangenes.
Das ist schnell vergessen, das weiß man doch.

AMME
Wenn das wahr ist, das überlebt keiner.

PÄDAGOGE
Nein, sag ihr bitte nichts. Noch nichts.

AMME
Das ist euer Vater, Kinder!
Ich kann ihn nicht verfluchen — ich, sein Eigentum.
Auch ohne daß man es herausschreit, sieht jeder
was für ein Mann das ist, ein Schuft.

PÄDAGOGE
Wer ist denn anders?
Jeder liebt sich selbst am meisten.
Lernst du das jetzt erst? Regt es dich noch auf?
Und — ist das so verkehrt?

AMME
Komm, geh ins Haus mit den Kindern.
Laß sie nicht zu Medea.
Sie stiert sie an, möchte sie töten mit ihrem Blick.
Ihre Wut wird sich nicht legen, bevor sie nicht Blut gesehen hat.
Aber ihre Feinde soll es treffen, nicht die Kinder.

MEDEA
Ach,
ich bin schwach, unglücklich,
von Schmerzen zerschlagen —
wär ich doch tot,
könnt ich doch sterben.

AMME
Geht ins Haus. Kommt nicht in ihre Nähe.
Habt Angst vor eurer Mutter, Kinder. Sie ist zornig
und weiß nicht, was sie tut.
Sie fängt erst an; das ist der Wind
vor dem Gewitter.
Was wird sie noch tun! Sie brennt vor Haß,
sie ist vergiftet durch diese Kränkung.

MEDEA
Ach,
ich Elende, ich leide, ich leide,
kein Klagen endet jemals mein Leid.
Verflucht seid ihr Kinder einer verfluchten Mutter.
Geht zugrunde mit dem Vater und dem ganzen Geschlecht.

AMME
Was haben die Kinder verbrochen!
Warum haßt du die Kinder!
Die Launen der Herrschenden sind furchtbar.

Sie lernen nie den Nacken beugen.
Die herrschen, beherrschen sich nie.
Lieber unauffällig leben, ungerühmt,
aber ruhigem Alter entgegen.
Alles Unmäßige bringt Unheil,
denn wir sind Menschen,
geboren in der Mitte zu bleiben,
bedachtsam,
wer zuviel will, den strafen die Götter schrecklich.

KORINTHISCHE FRAUEN
Ich hörte sie schreien, die unglückliche Frau aus Kolchis.
Beruhigt sie sich nicht?
Durch doppelte Türen hört man die Schreie.
Frau, das Unglück eures Hauses freut uns nicht,
wir kommen nicht aus Neugier, weil wir das Wehgeschrei gern hören.
Wir wollen Freundinnen sein.
Wir lieben diese Fremde.

AMME
Es gibt kein Haus mehr,
Hier ist alles tot.
Der Herr ist gefesselt an seine neue Lust,
und die Herrin stirbt da drin an dieser Kränkung.
Nichts tröstet sie.

MEDEA
Wenn mir ein Blitz das Hirn zerschmettern würde.
Es ist grausam, daß ich noch lebe.
Wär ich endlich tot, hätt ich endlich Ruhe. Ich hasse das Leben.

KORINTHISCHE FRAUEN
Hörst du Zeus, hört ihr Licht, Erde, die Klagen?
Es ist ein Narr, wer so unmäßig liebt.
Was willst du wegen eines Mannes sterben!
Das ist kein Flehen zu den Göttern wert.
Wenn dein Mann in der neuen Ehe vergnügt ist,
lohnt das keinen Zorn.
Zeus wird auch dir zu deinem Recht verhelfen.
Du sollst dich nicht für einen Mann zugrunde richten.

Aber endlich begreift sie durch eigenes Leid, was es heißt,
ohne Heimat sein, rechtlos sein.
Sie haßt die Kinder und flucht, wenn sie sie sieht.
Mehr als alle ihre Leiden fürchte ich sie selbst.
Sie grübelt, sie brütet etwas aus, etwas Neues, Furchtbares.
Ich kenne sie. Sie liebt die Zerstörung.
Ich fürchte, sie stößt sich ein Schwert in den Leib,
oder schleicht sich in Jasons Haus ans Ehebett und tötet
die Braut und den Bräutigam.
In ihrer Wut ist sie furchtbar und kennt keinen Halt.
Wer sie reizt, geht unter.

Da kommen die Kinder. Sie wissen nichts von den Schmerzen der Mutter.
Wer jung ist, begreift nicht, was Leiden heißt.

PÄDAGOGE
Du, treuester und ältester Besitz unserer Herrin,
warum stehst du hier draußen, einsam, und jammerst vor dich hin.
Du darfst Medea nicht alleine lassen.

AMME
Uns Sklaven trifft das Elend unserer Herren auch.
Wir leiden mit.
Solche Schmerzen kamen in mir hoch,
daß ich es nicht mehr aushielt,
ich wollte schreien, jemand meine Schmerzen sagen
und wenn's der kalte Himmel ist.

PÄDAGOGE
Also weint Medea immer noch?

AMME
Das Elend hat erst angefangen.

PÄDAGOGE
Die Ärmste weiß das Schlimmste ja noch nicht.

AMME
Was denn? Rede doch!

MEDEA
Themis und Artemis,
seht ihr, was ich leide?
Mit welchem Schwur hätte ich ihn noch fesseln sollen?
Haben wir nicht zusammen gemordet!
Könnte ich ihn und seine Hure zerrissen sehn,
das ganze Haus in Trümmern.
Warum habe ich den Vater, das eigene Haus verlassen,
den eigenen Bruder erwürgt!

AMME
Da hört ihr sie.
Sie schreit zu Themis, der Rächerin, und zu Zeus,
an den wir doch glauben als den Schützer der Eide.
Diese Wut legt sich nicht, bevor sie nicht Entsetzliches getan hat.

KORINTHISCHE FRAUEN
Wenn sie sich in ihrem Gram nicht verstecken würde,
wenn sie mit sich reden ließe, Worte können doch wohl tun.
Vielleicht, wenn sie erkennt, daß sie noch Freundinnen hat,
besänftigt sie sich?
Geh, bring sie her zu uns. Sag, daß wir sie lieben.
Aber schnell, bevor sie sich vergreift in ihrer Wut.

AMME
Ich versuche es. Ich glaube nicht, daß sie mir folgt.
Wie eine verwundete Löwin stiert sie uns an, wenn wir ihr
nahe kommen. Nein, sie ist unansprechbar.

Da war einer, der nannte die vor uns lebten Toren,
und recht hat er.
Für Feste und Fressen und Saufgelage
haben sie Lieder erfunden.
Gewürzt die Lust mit Gesang.
Doch die Qual
und das nie aufhörende Leid
und die Todesfurcht,
die hat keiner bisher mit Gesang und Saitenspiel
zu heilen versucht.
Nur das Leid braucht doch Lieder.

MEDEA
Ihr Frauen, Mädchen von Korinth,
ich komme, um euch Rede und Antwort zu stehen.
Ich möchte, daß ihr die Wahrheit erfahrt.
Also, lernt mich kennen.
Erzählt die Wahrheit über mich
und beurteilt mich gerecht.
Prüft mein Herz.
Ich bin fremd in dieser Stadt, ich habe keine Rechte,
drum komm ich euch und allen hier entgegen.
Verurteilt mich nicht, nur weil ich fremd bin.
Mir ist unerwartet ein nicht verdientes Unglück zugestoßen.
Ich bin tief gefallen, und mir ist die Seele zerrissen.
Alles, was ich brauche, ist der Tod.
Der, in dem ich alles Schöne sah,
der zeigte sich als der Schlechteste aller Männer,
mein Mann.
Von allem, was empfindet und Schmerzen leidet,
sind wir Frauen zu größtem Leid geschaffen.
Frau sein heißt, im Übermaß geben müssen.
Wir zahlen übrmäßig für einen Mann,
wir zahlen dafür, daß ein Mann vollkommene Gewalt hat
über unsern Leib — und das ist das Schlimmste.
Ob er gut zu uns ist oder böse, entscheidet der Zufall,
wir müssen's ertragen.
Eine Scheidung vernichtet uns, und einen Mann verlassen,
wer kann das?
Eine Fremde wie ich, die Sitte und Recht nicht kennt,
die müßte eine Prophetin sein,
wenn sie es nicht durch Zufall trifft,
um zu wissen, wie sie ihrem Mann angenehm und brauchbar bleibt.
Tagtägliches Werben um unsern Mann,
wir Frauen sind nichts als diese Mühe.
So selten ist das Glück, daß es uns ewig scheint,
wenn auch der Mann uns gut ist und nicht nur gewalttätig.
Aber eine unglückliche Ehe beendet für uns nur der Tod.
Der Mann, wenn sein Haus ihm nicht gefällt,
macht sich das Leben draußen schön.
Wir Frauen sind mit uns allein.
Die Männer machen uns verächtlich, weil wir ein gefahrloses

Leben im Hause leben,
während sie draußen kämpfen.
Sie wissen nichts.
Ich möchte lieber dreimal in der Schlacht stehen
als einmal gebären.
Ihr dürft mich nicht mit euch vergleichen.
Ihr seid hier zu Hause, wohlbehütet genießt ihr euer Leben und
habt Freundinnen.
Ich bin verlassen, ohne Heimat, ohne Schutz.
Ehrlos durch meinen Mann.
Ich bin nicht griechisch, fremd und ohne Recht.
Ich habe keine Familie, die mich schützt, keine Mutter,
keinen Bruder, keinen Vater, zu dem ich fliehen könnte.
Laßt mir das eine Recht, mich an dem Mann zu rächen,
wenn ich's kann.
Und auch an dem, der seine Tochter hergab und an ihr selbst,
der Braut.
Ich strafe sie gerecht.
Ich bitte euch nur, zu schweigen.
Ich weiß, wir Frauen sind feige und haben Angst vor jeder Waffe.
Aber nichts ist blutgieriger als eine Frau,
wenn sie die Ehe und ihr Bett verteidigt.

KORINTHISCHE FRAUEN
Wir werden schweigen.
Mit vollem Recht strafst du deinen Mann, Medea.
In deinem Leid und deinen Klagen bist du uns nicht fremd.

KREON
Medea,
du blickst stier vor Wut auf deinen Mann.
Der Wütenden befehle ich, verlaß die Stadt mit deinen Kindern.
Und zwar sofort. Ich achte selbst darauf, daß du den Befehl befolgst.
Ich bleibe hier, bis du gegangen bist.

MEDEA
Ach, die Geschwächte müßt ihr ganz zugrunde richten.
Mit vollen Segeln jagen mich die Feinde,
und ich, ich habe nicht die kleinste Zuflucht.
Die, der du das Ärgste antust, wird dich fragen dürfen,

warum du sie davonjagst. Was hab ich dir getan?

KREON
Ich habe Angst vor dir. Warum soll ich's dir nicht sagen.
Ich fürchte, daß du meinem Kind Schreckliches antun wirst.
Ich habe Gründe genug zur Furcht.
Du weißt sehr viel und beherrschst uns unbekannte, böse Künste.
Du hast die Liebe deines Manns verloren und das schmerzt.
Und dieser Schmerz macht rasend.
Du drohst ja auch ganz öffentlich, mir, dem Vater, dem Bräutigam
und meiner Tochter etwas anzutun.
Also seh ich mich vor.
Ich nehme in Kauf, daß du mich haßt, und daß ich ungerecht
erscheine, ich will nicht nachher meine Milde büßen.

MEDEA
Es ist nicht das erste Mal, Kreon, daß mein Name mir schadet.
Wer vernünftig ist, hält seine Kinder dumm.
Durch Wissen werden wir den andern fremd,
unsre Mitbürger hassen uns aus Neid.
Wer Dumme Klugheit lehren will, macht sich verhaßt,
er ist am Ende selbst der Dumme.
Wenn sich zeigt, daß deine Weisheit brauchbarer ist,
als die der andern, die bisher das Sagen hatten,
dann macht man dich zum Staatsfeind.
Und das ist mein Schicksal — überall.
Weil ich weiß, bin ich verhaßt und scheine hochmütig,
weil man mich nicht versteht.
Doch was ich weiß, ist niemandem gefährlich.
Du fürchtest, ich wäre mächtig genug, die Böses zu tun.
Vor mir brauchst du nicht zu zittern, ich bin nicht stark genug,
mit denen, die die Macht haben, zu streiten.
Du hast mir nichts Unrechtes getan. Du hast deine Tochter dem
zur Frau gegeben, den dein Herz für gut fand.
Ich hasse meinen Mann — du aber, das weiß ich doch,
hast klug gehandelt.
Ich neide dir dein Glück nicht. Hochzeiter, laßt es euch gut gehn!
Also laß mich in deinem Land leben. Ich werde schweigen.
Selbst wenn ich Unrecht leide, ich beuge mich der Gewalt.

KREON
Du hörst dich versöhnlich an. Das macht mir noch mehr Angst.
Du sprichst zu sanft, ich trau dir nicht.
Eine jähzornige Frau bändigt man,
auch einen jähzornigen Mann,
aber eine schlaue, die schweigt, die ist gefährlich.
Also geh und schnell. Ich hör dich nicht mehr an.
Du kannst mit nichts erreichen, daß du bleibst.
Wir sind Feinde.

MEDEA
Und wenn ich vor dir knie und wenn ich deine Füße küsse!

KREON
Umsonst.

MEDEA
Du verbannst mich wirklich, du hörst auf keine Bitten?

KREON
Ich kann auf dich nicht mehr Rücksicht nehmen als auf mich selbst.

MEDEA
Ich möchte schreien nach dem Schutz meines Vaterlandes!

KREON
Und ich muß meines schützen und mein Kind.

MEDEA
Der größte Fluch ist, daß wir lieben müssen.

KREON
Wie's das Schicksal will.

MEDEA
Zeus wird euch eurer Strafe nicht entkommen lassen.

KREON
Geh endlich, das quält mich.

MEDEA
Du quälst mich, die mehr Qual nicht braucht.

KREON
Ich laß dich mit Gewalt wegschleppen!

MEDEA
Tu's nicht, Kreon. Hör mich doch an.

KREON
Du wirst mir lästig.

MEDEA
Ich gehe ja in die Verbannung. Ich bitte dich um etwas anderes.

KREON
Dann geh und laß mich endlich los!

MEDEA
Nur diesen einen Tag laß mich noch bleiben.
Ich will nur überlegen, wo ich hingehn kann
und wovon wir leben sollen, ich und die Kinder,
die ihr Vater vergessen hat. Der sorgt ja nicht für uns!
Hab mit den Kindern Mitleid, du bist selber Vater,
jeder wird dich verstehn, wenn du mit Kindern Mitleid hast.
Ich habe keine Angst um mich, aber die Kindern sich unschuldig
mit in mein Unglück verstrickt.

KREON
Ich bin kein Tyrann. Ich tauge nicht zur Willkür und Gewalt.
Freilich habe ich meine Weichheit schon so oft gebüßt.
Kann sein, ich mache auch das wieder falsch. Ich weiß es.
Also bleib noch diesen Tag.
Wenn man dich aber beim Morgengrauen noch hier sieht
mit deinen Kindern, laß ich dich töten.
Ich mache dir nichts vor.
Wenn du bleiben mußt, bleib einen Tag.
Was kann an einem Tag uns schon geschehn.

MEDEA
Schlecht steht es, und es wird schlecht enden.
Aber nicht so, wie ihr glaubt.
Die werden noch kämpfen müssen, die Neuvermählten,
und er auch, er wird viel leiden müssen, der Vater.
Glaubt ihr, ich hätte vernünftig mit dem gesprochen aus Einsicht?
Ich gebrauchte eine List und verschaffte mir die Möglichkeit
für meine Rache.
Ich würde niemals mit diesem Mann nur ein Wort reden,
meint ihr, ich würde ihn anfassen!
Ja, aus List.
Ich habe ihn so weit gebracht. Er ist so dumm, daß er mich
einen Tag hier bleiben läßt.
Sofort und mit Gewalt hätt' er mich von dieser Erde treiben müssen.
Er gibt mir einen Tag.
Einen Tag, an dem ich drei Lebende
zu Toten mache.
Und viele Tode habe ich für die.
Freundinnen, welchen lasse ich sie sterben? Ich weiß es nicht.
Ob ich in das Brauthaus Feuer werfe?
Oder schleiche ich mich hinein und erteche sie im Bett?
Da könnten sie mich fangen und hohnlachend würden sie mich
Hexe dann ermorden.
Nein, meine sicherste Waffe ist das Gift. Da kenne ich mich aus.
Ich werde sie vergiften.
Und wenn sie tot sind? Welche Stadt wird mich vor Rache schützen?
Wer gibt mir ein Stück Erde, unverletzbar, heilig der Mörderin?
Wer rettet meinen Leib. Sie werden mich verschleppen und versklaven.
Mich rettet niemand. Da ist niemand.
Ich warte noch. Ich habe einen ganzen Tag. Vielleicht begegnet mir
die Rettung.
Und wenn der Zufall meinen Plan verhindert?
Ich nehme selbst das Schwert, ich erschlage sie und sterbe selbst.
Ich gehe bis zum Äußersten.
Ich schwör es mir, bei der Göttin, die mein Leben bestimmt,
bei Hekate schwör ich mir,
keiner von denen soll jemals glücklich sein.
Sie haben mich gekränkt.
Die Hochzeit soll ihnen bitter schmecken.
Dem Kreon bitter die Verschwägerung. Daß ich das Land verlasse,

ist sein Tod.
Also besinn dich auf dein Wissen, Medea. Übersieh nichts und
mach keinen Fehler. Tu ihnen das Schrecklichste!
Schau auf dein eigenes Leiden, hab kein Gewissen!
Die Enkelin des Sonnengottes darf sich von diesem korinthischen
Geschmeiß nicht höhnen lassen.
Zum Gutsein bist du nicht geboren, sonst wärst du keine Frau.
Frauen sind von Natur aus böse, und klug nur, wenn sie
Schlechtes tun.

KORINTHISCHE FRAUEN
Die Ströme, die heiligen, bei denen wir schwören,
kehren sich um und fließen aufwärts zur Quelle.
So falsch ist das alles, so sehr wird das Recht verkehrt,
so wie hier Männer falsch denken und betrügen
und Eid und Versprechungen nichts gelten.
Also kommen wir Frauen jetzt zu Ehren,
alles Schlechte, das man uns nachsagt,
gilt genauso von den Männern.

Alle Lieder, von Männern gemacht,
singen von treulosen Frauen.
Könnte ich Lieder machen,
ich würde dagegen singen.
Nicht nur Lieder von heute:
schon immer hat Frauen das gleiche
Schicksal getroffen wie Männer.
Aber der Gott verweigert Frauen
die Kunst.
Wir können nicht singen.
Aus Liebe hast du dein Zuhause verlassen.
(So brennt die Liebe.)
Von weit her, durch die tödlichen Felsen am
Ende der Welt, hat sie dich hierher getrieben.
Du hast Heimweh, wie fremd und bitter muß das
Leben sein in fremdem Land.
Von deinem Mann verlassen bist du schutzlos,
eine Frau,
nicht nur vor leerem Bett stehst du,
aus dem Haus wirst du geworfen, verjagt.

Eide gelten nicht,
kein Mann ist mehr fromm,
die Scham floh aus dem herrlich-großen
Griechenland,
in blaue Luft hat sie sich verflüchtigt.

Du hast keinen Vater und kein Haus,
in das du ziehen könntest,
du schwimmst auf reißendem Fluß ohne Ufer.
Im Bett liegt eine andre, sie herrscht.
Womit hat sie dich besiegt?

JASON
Jähzorn und Dummheit, es ist ein und dasselbe.
Was legst du dich mit den Herrschern an?
Du hättest in diesem Land bleiben können.
Sogar in der Familie. Wenn du dich einmal beherrschen könntest.
Was sollen deine leeren Drohungen. Jetzt wirft man dich raus.
Auf mich kannst du solange fluchen wie du willst.
Ich weiß, ich bin ein Schuft, der schlimmste Mann von allen Männern.
Wie kannst du denen, die die Macht haben, drohen!
Kreon ist milde, daß er dich nur verbannt.
Bisher habe ich ihn beruhigen können und gebeten, daß du
bleiben kannst. Aber du hörst nicht auf.
Sie fürchten sich vor dir.
Ich bleibe trotzdem dein Freund.
Ich will nicht, daß du mit den Kindern ins Elend kommst.
Also, ich geb euch Geld, und was du sonst noch brauchst.
Du haßt mich. Ich liebe dich trotzdem.

MEDEA
Du feiger Hund!
Ich kenne dich, den großen Helden.
Du traust dich also noch hierher.
Das ist wirklich mutig und eine Heldentat,
sich seine Opfer anschaun gehn.
Du bist erbarmungslos
und schamlos. Aber
es ist gut, daß du da bist.
Ich werde dich bespeien und dir alles entgegenschreien,

was mir weh tut und du mußt zuhören!
Ich freu mich, wenn du wütend wirst.
Hör dir unsre Geschichte an, von Anfang an!
Ich habe dein Leben gerettet. Das wissen alle,
die mit uns auf dem Schiff, der Argo, waren,
alle Griechen wissen das!
Du wurdest zu den feuerschnaubenden Stieren geschickt,
der Held, er sollte Tod aussäen. Aber den Drachen,
der schlaflos das Vieh hütet, den verschlungenen,
den habe ich getötet und ich reichte dir das rettende Licht.
Du verdankst mir dein Leben. Ich verdanke dir,
daß ich mein Vaterland und meine Familie verraten habe,
weggeworfen für dich, leichtsinnig und dumm.
Und wie hast du in Jolkos vor dem Pelias gezittert.
Ich habe ihn für dich ermordet, damit du endlich aufhörst,
dich zu fürchten.
Noch nie starb einer so grausam und durch seine eigenen Töchter.
Deine Angst hat mich zur Mörderin gemacht.
Meinst du, ich leide nicht!
Zum Dank für meine Leiden trieft dir der Speichel nach dieser
Jungfrau. Dir, der Vater ist, der Kinder hat.
Wenn ich unfruchtbar wäre, ich würde dich selbst in andre Betten
schicken, und dir die Fackel halten!
Wer sich an Schwüre hält, der fällt ins Nichts,
der lebt vergeblich für nichts.
Vielleicht bin ich nur so dumm, und du weißt es schon,
daß die Götter von damals nicht mehr herrschen,
daß man jetzt neuen Göttern schwört.
So muß es sein, sonst hättest du doch nicht den Mut,
den Göttern einen Schwur zu brechen.
Aber weiter.
ich brauch dich nur zu fragen, meinen Freund, der mir soviel
Gutes tut. Eine Frage zeigt deine ganze Schändlichkeit.
Wohin soll ich gehen?
Zu meiner Familie, die ich für dich verraten habe?
Vielleicht nehmen mich die Töchter des Pelias freundlich auf?
Es ist so. Ich habe keine Heimat, keinen Schutz, kein Recht.
Ich habe nur noch Feinde. Aber keinem hätte ich von mir aus
Böses getan. Ich trage für dich den Fluch der Mörderin.

Zum Dank hast du mich, die Fremde, groß gemacht vor allen
  Griechinnen.
Ich habe einen Helden und den treusten aller Männer zum Mann.
Damit kann ich mich rühmen in meinem Elend.
Ich werde es hinausschreien auf meiner Flucht.
Rausgeworfen, fallengelassen, verlassen mit verlassenen Kindern,
Freiwild für jeden.
Ich werde dein größter Ruhm sein, ich bin der Segen des
Neuvermählten!
Immer auf der Flucht, in die Irre gehend, ich, die Mutter
deiner Kinder, ich, die dir das Leben gerettet hat.
Zeus!
Für das schäbige Gold hast du uns untrügliche Zeichen gegeben,
damit wir erkennen, ob es falsch oder echt ist.
Den Menschen hättest du ein Zeichen einbrennen sollen,
ein Zeichen für gut und böse.

KORINTHISCHE FRAUEN
Die Wut, wenn Freunde mit Freunden Streit anfangen,
ist wirklich zum Fürchten.
Die sich früher einmal liebten, sind unversöhnlich,
wenn sie sich hassen.

JASON
Ich soll, so sieht es aus, auch noch zeigen, daß ich reden kann.
Wie ein tapferer Kapitän soll ich trotz Sturm alle Segel setzen,
um mich vor deinem Ausbruch zu retten, so voll wie du das Maul
  nimmst.
Du übertreibst.
Nicht du hast mich gerettet, sondern die Liebe.
Kein Mensch, kein Gott außer ihr, der Liebesgöttin.
Du bist schlau und konntest schon immer gut reden.
Aber das ist schamlos, wie du versuchst die Wahrheit umzudrehen.
Die Wahrheit ist, die Liebe zwang dich, mich zu retten.
Du ranntest deiner Liebe nach — das war's.
Trotzdem, ich nehme es nicht so genau.
Daß du mir geholfen hast, war auf keinen Fall schlecht.
Aber meine Rettung hat dir mehr gebracht, als du dafür
bezahlen mußtest. Gut, ich beweis es dir.
Das Wichtigste: du lebst jetzt auf griechischem Boden

und nicht mehr in der Barbarei. Du hast gelernt, was
Gerechtigkeit ist und mit Gesetzen leben dürfen, statt
unter Willkür und Gewalt.
Alle Griechen haben dein Wissen anerkannt, du konntest dir
einen Namen machen, hier.
Kein Mensch würde doch dort hinten, am Ende der Welt,
in deinem Kolchis von dir reden.
Ich jedenfalls wollte weder reich sein,
noch schönere Lieder singen können als Orpheus,
wenn ich dafür nicht auch berühmt wäre bei Menschen, die
etwas davon verstehn.
Soviel also über deine Mühen, die du meinetwegen hattest.
Das auch nur, weil du zu streiten angefangen hast.
Was deine Wut über meine Hochzeit angeht,
ich werde dir beweisen, daß ich erstens klug war,
zweitens keineswegs bloß geil
und drittens fürsorglich für dich und meine Kinder.
Hör doch zu!
Nachdem ich von Jolkos fliehen mußte,
wirklich unlösbare Schwierigkeiten mehr als genug am Hals,
was hätte mir denn der Zufall Besseres in die Hand spielen können
als die Hochzeit mit diesem Königskind,
mir, dem Verbannten, Vogelfreien?
Doch nicht weil du mich langweilst, wie du glaubst,
und ich nach diesem Mädchen ein Verlangen hätte;
ich will mit ihr doch keine Kinder; jedenfalls die deinen sollen
gleichberechtigt sein.
Ich wollte Wohlstand für uns, was gibt's denn Besseres?
Wir wissen doch, daß man als Armer keine Freunde hat.
Die Kinder sollen fürstlich aufwachsen, meinem Namen und
Geschlecht entsprechend. Unsere und die ich vielleicht
mit der noch haben werde. Aber als Brüder und wie von einem
Geschlecht.
Was brauchst du Kinder?
Ich aber denke in den lieben Kleinen fortzuleben
und das braucht der Mann.
Also hab ich schlecht gerechnet?
Das würdest du auch nicht behaupten — die Eifersucht auf's Bett,
die plagt dich.
Stimmt's da, dann glaubt ihr Frauen, habt ihr alles.

Doch kommt mal etwas vor, dann kann der Mann ja machen,
was er will, ihr macht es alles schlecht.
Wenn man nur Kindern haben könnte auf irgendeinem andern Weg
und das Geschlecht nicht nötig wäre. Ich glaub, wir wären alle
glücklich.

KORINTHISCHE FRAUEN
Jason, du hast schön gesprochen.
Trotzdem, auch wenn dir das nicht paßt,
du tust ihr Unrecht, wenn du sie verläßt.

MEDEA
Ich denke anders als die meisten.
Wer seine Ungerechtigkeit mit schönen Worten noch verteidigt,
gehört am härtesten bestraft.
Unter dem Mantel guter Absichten und fürsorglicher Weisheit
begeht der die schändlichsten Verbrechen.
Aber das ist nicht einmal schlau.
Komm mir nicht mit schönen Worten.
Wenn alles, was du sagst, wahr ist, nur eine Frage:
Warum hast du nicht mir mir gesprochen?
Hinter meinem Rücken hast du's doch getan!

JASON
Du zitterst ja jetzt noch vor Wut.
Da hätte ich mit dir reden sollen!

MEDEA
Die Wahrheit ist, wenn du alt bist und die Geilheit dich
nicht vergessen macht, daß ich Barbarin bin,
dann schämst du dich der Ehe. Dann fängst du an, vornehm zu tun.
Du hast wieder einmal Angst auf meine Kosten.

JASON
Werd doch vernünftig. Ich hab sie nicht als Frau begehrt.
Die Erbin und Königstochter heirate ich, um dich und
uns zu retten. Ich schütze uns durch diese Heirat,
sie bringt uns Glück.

MEDEA
Ich brauch kein Glück, das bitter schmeckt.
und keinen Reichtum, der mir das Herz zerreißt.

JASON
Du könntest mir Eindruck machen, wenn du nicht immer schon
Glück für Unglück und das Nützliche für unbrauchbar gehalten hättest.

MEDEA
Mit dieser Familie hinter dir, da wirst du frech.
Du hast ja Schutz, ich bin allein, verbannt.

JASON
Das hast du selber so gewollt. Schieb's nicht auf andere.

MEDEA
Was wollte ich? Ich habe die Ehe gebrochen und ich habe
dich verraten!

JASON
Du hast die Herrscher verflucht, Gottlose!

MEDEA
Ja, und auch dein ganzes Geschlecht verfluche ich.

JASON
Ich habe keine Lust, mit dir zu streiten.
Wenn du für die Kinder oder dich von mir Unterstützung willst,
sag's. Du kannst haben was du willst.
ich gebe dir auch Briefe mit an Freunde, daß man dich gut
behandelt.
Wenn du auch das ablehnst, glaub ich wirklich, du bist wahnsinnig.
Du schadest dir mit deiner Wut nur selbst.

MEDEA
Ich brauche deine Freunde nicht. Ich nehme nichts von dir.
Nichts. Von schlechten Menschen kommt nur Schlechtes.

JASON
Wenn es so ist. Beenden wir die Sache. Die Götter sind meine

Zeugen, daß ich für dich und die Kinder alles getan hätte.
Nur du wolltest nicht. Du bist es, die dafür büßen wird
und reichlich.

MEDEA
Geh endlich.
Du hältst es ja kaum mehr aus. So lang getrennt von deinem
neuen Mädchen. Beschlaf sie doch.
Vielleicht — und dieses sagt ein Gott mit mir —
wird's eine Hochzeit, so, daß du sie noch verfluchen wirst.

KORINTHISCHE FRAUEN
Ich fürchte die Liebe, die mit Gewalt dich anfaßt
und die Leidenschaft.
Sie reißt dich von dir.
Aber wenn die Liebe gerade nur dich streift,
ein wenig verliebt sein, ist reizend.
Hoffentlich trifft mich nie dieser Pfeil
mit von Sehnsucht und Schmerz vergifteter Spitze.

Ich will bescheiden bleiben und Frieden haben,
Bescheidenheit ist doch fast wie göttliche Ruhe.
Verschon mich die Liebe.
Nur unersättlicher Haß und Streit und Trennung
kommen doch aus der Begierde nach Anderm
und fremdartigen Lüsten.
Meine Ehe braucht keine Kitzel,
nein, ein Gott beschütze mein Bett
vor solchen Abenteuern.

Die Heimat und meines Vaters Haus
könnte ich nicht vermissen,
mich durch ein Leben der Entbehrungen mühsam kämpfen,
immer, immer leiden und sich sorgen müssen.
Lieber möchte ich sterben,
kein Schmerz ist schneidender
als ohne Heimat und ihren Schutz sein.

Wir mußten es selbst mitansehen,
hier vor uns ist es wirklich wirklich geworden,

wieviel lieber hätte ich es nur als Geschichte gehört
und wäre doch auch zur Einsicht gekommen,
so mußten wir mitansehn,
wie keiner mit dir Mitleid hatte,
kein Bürger dieser Stadt und sonst kein Freund.
Freunde, die Freunden nicht helfen,
die den Hilferuf nicht hören,
den Leidenden wegstoßen,
sollten selbst zugrunde gehen müssen.
Nein, solche Freunde will ich nicht.

AIGEUS
Ich wünsch dir Glück, Medea! Oder was kann man
sich zur Begrüßung Besseres wünschen?

MEDEA
Ich wünsch dir auch Glück, Aigeus.
Woher kommst du? Warum kommst du grad hierher?

AIGEUS
Ich komme vom Orakel in Delphi.

MEDEA
Und warum hast du es befragt?
Was wolltest du am Nabel der Welt von Gottes Stimme hören?

AIGEUS
Ob und wie ich noch Kinder haben kann.

MEDEA
Ach, du lebst dein Leben ohne Kinder.

AIGEUS
Ja, ich bin kinderlos. Ein Gott schlägt mich mit diesem Schicksal.

MEDEA
Bist du denn an eine Frau gebunden?

AIGEUS
Ja, verheiratet bin ich, Ich kenn das eheliche Joch.

MEDEA
Was hat das Orakel dir geraten?

AIGEUS
Wie immer ist der Rat so weise, daß keiner ihn versteht.

MEDEA
Sagst du ihn mir?

AIGEUS
Gern. Du weißt ja wirklich mehr als wir.

MEDEA
Was sagt der Gott?

AIGEUS
Ich soll das Ende irgendeines Schlauchs nicht öffnen —

MEDEA
Bis du was getan hast oder wohin gekommen bist?

AIGEUS
Nicht, bevor ich nicht wieder zur Hause bin.

MEDEA
Und warum kommst du dann hierher?

AIGEUS
Ich will nach Troizen, zu König Pittheus —

MEDEA
Das einzige Kind des Pelops und sehr fromm —

AIGEUS
Ich will ihm das Orakel vorlegen.

MEDEA
Er soll ja weise sein und Übung haben mit Orakelsprüchen.

AIGEUS
Ich bin auch sonst sehr gut mit ihm befreundet.

MEDEA
Werde du glücklich, Aigeus und ein Gott soll dir deinen Wunsch
erfüllen.

AIGEUS
Und du Medea, warum sind deine Augen so glanzlos,
verweint, worum trauerst du?

MEDEA
Aigeus, ich habe den schlechtesten aller Männer zum Mann.

AIGEUS
Warum? Komm, erzähl mit die Geschichte.

MEDEA
Er kränkt mich, ohne Recht, ich hab ihm nichts getan.

AIGEUS
Aber womit? Willst du's nicht erzählen?

MEDEA
Er hat noch eine andre Frau.

AIGEUS
Das traut er sich?

MEDEA
Ja, er traut sich.
Aber ich bin jetzt rechtlos, machtlos.

AIGEUS
Ist er so verliebt? Langweilt er sich mit dir?

MEDEA
Verliebt? Er kennt mich und die Kinder schon nicht mehr.

AIGEUS
Wenn es so arg ist, laß ihn laufen.

MEDEA
Er will König werden,
darum ist er verliebt. Er heiratet die Tochter des Königs.

AIGEUS
Gibt Kreon ihm seine Tochter?
Und du sollst zuschaun, wie er mit einer andern König wird.
Jetzt kann ich dich verstehn.

MEDEA
Nicht nur das. Und ich bin nicht nur rechtlos,
ich werde auch verbannt, verjagt.

AIGEUS
Von wem? Das wird ja immer schlimmer.

MEDEA
Kreon verjagt mich, aus Korinth bin ich verbannt.

AIGEUS
Aber das läßt Jason nicht zu, das wäre wirklich unschön.

MEDEA
Er bestreitet es, aber in Wahrheit will *er* mich los sein.
Aigeus, ich, eine Frau, ich bitte dich um deinen Schutz.
Hab Mitleid mit mir, laß mich nicht ewig auf der Flucht sein,
verstoßen, rechtlos, Freiwild für jeden.
Nimm mich auf, laß mich in deinem Land, laß mich in deiner
Sippe leben.
Die Götter werden dir deinen Wunsch nach Kindern zum Dank erfüllen,
du wirst glücklich werden, wenn du mir hilfst.
Ich komme nicht ganz arm zu dir, ich kann dir nützlich sein.
Mit meiner Hilfe wirst du Vater werden, du wirst Erben haben.
Ich habe Mittel, dir zu helfen.

AIGEUS
Ich tu dir den Gefallen. Ein wenig göttlichen Segen erhoffe
ich mir schon, wenn ich dir helfe, und was du sagst, das
macht mir Hoffnung.
Vielleicht kannst du mir wirklich Kinder machen.
Alles, was ich brauche, ist ein Erbe.
Also, wenn du zu mir kommst, werd' ich dich schützen. Legal.
Mitnehmen kann ich dich nicht, ich kann dir auch auf deiner
Flucht nicht helfen, das weißt du. Doch wenn du selber kommst,
geb ich dir Asyl, ich liefere dich keinem aus.
Nur, du mußt zu mir kommen, sonst setz ich mich ins Unrecht.

MEDEA
Gut so. Aber gib mir Sicherheiten.

AIGEUS
Warum? Traust du mir nicht? Wovor hast du Angst?

MEDEA
Ich traue dir. Aber ich habe viele Feinde.
Die Familie des Pelias und Kreon hier.
Ich möchte, daß ein Schwur dich bindet.
Ich möchte, daß du es nicht wagen kannst, mich auszuliefern,
oder nur zuzulassen, daß sie mich verschleppen.
Ein Versprechen, Aigeus, kann mir nicht genügen.
Schwörst du nicht, verrätst du mich am Ende;
sie sind reich, Aigeus, und haben Macht, sind Könige wie du.
Ich bin nur eine Frau und fremd, von weither, ohne Schutz.

AIGEUS
Ich verstehe dich, du hast Erfahrungen.
Ich schwöre. Das schützt auch mich. Wenn ein Eid mich bindet,
kann keiner deiner Feinde mich belangen, wenn ich dir helfe.
Und du vertraust mir. Gut, bei welchen Göttern soll ich schwören?

MEDEA
Schwör bei der Erde und beim Sonnengott, dem Vater meines Vaters
und danach schwör bei allen Göttern.

AIGEUS
Und was? Was soll ich tun, was lassen?

MEDEA
Schwör, daß du mich niemals aus deinem Lande jagst,
und wenn sie mit Gewalt mich wegschlepppen wollen, mich
schützt, daß du mit deinem Leben für mich einstehst.

AIGEUS
Ich schwöre bei Gaia, der Erde und beim Licht, ich schwöre
bei allen Göttern, ich werde halten, was du verlangst.

MEDEA
Gut. Und weiter, welche Strafe soll dich treffen,
wenn du den Schwur brichst?

AIGEUS
Medea, — was dem Menschen widerfährt, wenn er gegen Götter sündigt.

MEDEA
Komm glücklich heim! Für dich und mich wird alles gut.
Ich komme nach Athen. Ich will nur vorher tun, was ich tun muß.
Ich will meine Rache nehmen.

KORINTHISCHE FRAUEN
Hermes schütze dich, möcht er dich selbst nach Hause bringen,
der Gott der Reise!
Dein sehnlichster Wunsch, er wird dir sicher erfüllt,
einem Mann wir dir, schön und kräftig.
Wir bewundern dich, Aigeus.

MEDEA
Zeus und Zeus' Tochter, Gerechtigkeit, und du Licht des Helios!
Jetzt, Freundinnen, werde ich Sieger sein über meine Feinde!
Jetzt hab ich freie Bahn.
Ich stand schon an der Wand, aber dieser Mann hat meine Rache
möglich gemacht.
Ich werde diesen Schuften zeigen, was Recht ist.
Athen wird mich schützen.
Jetzt kann ich euch sagen, was ich vorhabe. Aber seid

nicht empfindlich.
Ich werden einen Diener zu Jason schicken und bitten, daß ich ihn
noch einmal sprechen darf.
Ich werden ihm schmeicheln und sagen, daß ich endlich einsehe,
wie vernünftig die Hochzeit ist, die Hochzeit, mit der er mich
vernichtet.
Ich werde ihm sagen, wie klug er ist, und daß ich endlich erkenne,
wie seine Pläne auch zu meinem Vorteil sind.
Dann werde ich ihn bitten, daß die Kinder bleiben dürfen.
Nein, ich will sie nicht hier zurücklassen,
unter meinen Feinden, daß man sie ächtet oder zu Sklaven macht.
Nein, ich werde sie benutzen zu einer List. Mit ihnen werde
ich des Königs Tochter töten.
Ich schicke sie mit Geschenken zu der jungen Braut,
ein schmeichelhaftes Kleid und ein goldenes Netz für's Haar,
das wird sie blenden.
Die werden bitten, daß sie bleiben dürfen —
und also scheine ich versöhnt.
Wenn sie das Kleid anlegt, wir sie gräßlich sterben
und jeder, der sie anfaßt. In solche Gifte tauch ich die Geschenke.
Mehr sag ich dazu nicht.
Nur, was mir dann zu tun bleibt, das ist schrecklich.
Die Kinder — selbst, ich selbst werde sie ermorden.
Und da ist keiner, der sie retten kann.
Wenn so Jasons Geschlecht vernichtet ist,
bin ich schon außer Land, schon auf der Flucht,
auf der Flucht vor meiner eigenen Tat an meinen eigenen Kindern,
die ich liebe,
auf der Flucht vor dem Schrecken dieser gottlosen Tat.
Ich laß mich nicht verhöhnen, nicht von diesen, es ist
unerträglich, meine Freundinnen!
Und wenn mir nichts bleibt, soll nichts bleiben.
Was soll das Leben mir, die weder Vater, noch Schutz
noch irgendeinen Ort zum Leben hat.
Ich habe nichts und nichts soll bleiben.
Verblendet, Verbrecherin floh ich den einzigen Schutz,
mein Vaterhaus. In blödem Glauben an die Worte eines Griechen.
Mit eines Gottes Hilfe wird er mir dafür bezahlen!
Die Kinder, die aus meinem Leib ihm kamen, wird er nicht mehr
lebend sehn. Er wird auch keine andern haben mit der andern.

Denn böse wird die Böse in meinem Gift verrecken.
Ich bin nicht feige und ich bin nicht schwach.
Nein, in bin anders.
Den Feinden Feindin und den Freunden Freundin.
So will ich das Leben.

KORINTHISCHE FRAUEN
Du hast uns zu Mitwissern deiner Tat gemacht.
Laß sie dir ausreden. Nicht nur um deinetwillen,
sondern auch, wenn überhaupt noch Friede möglich sein soll
unter Menschen.

MEDEA
Da ist kein andrer Weg mehr.
Ja, ich verstehe, was ihr redet. Ihr leidet nicht wie ich.

KORINTHISCHE FRAUEN
Aber wie kannst du wagen, deines Leibes Frucht zu töten, Frau!

MEDEA
Nur so zerreiß ich meinem Mann das Herz.

KORINTHISCHE FRAUEN
Aber auch du selbst wirst mit dir selber nie mehr Ruhe haben.

MEDEA
Ich gehe vorwärts und kein Reden hält mich auf.
Hol Jason.
Du hast schon immer in allem mein Vertrauen.
Schweig von meinem Plan, nichts kann mich wirklich aufhalten,
also schweig, wenn du micht liebst, und wenn du eine Frau bist.

JASON
Du läßt mich rufen. Ich komme.
Du fluchst auf mich, aber da du im Elend bist,
hör ich mir an, was du von mir willst.

MEDEA
Jason, ich bitte dich, den Streit von eben zu vergessen.
Was wir gemeinsam haben an Erinnerung zählt mehr

als meine Wut. Verzeih mir, das fällt dir nicht schwer.
Ich habe deine Worte überlegt und bin mir selber böse,
wirklich, ich bin undankbar und ganz zu Unrecht wütend
auf dich, der alles zu meinem Vorteil überlegt hat.
Was mach ich denn den Herrscher mir zum Feind und bin
dem Liebsten selber Feindin; ich weiß, du nützt mir und den
Kindern durch diese Heirat; die Kinder, die du mit der
Königstochter zeugst, sind unsre Sicherheit.
Warum kann ich mich nicht beherrschen?
Worunter sollte ich leiden?
Ich weiß, die Götter meinen's gut mit mir.
Ich hab ja Kinder. Ja, und auch als Verbannte habe ich doch
Freunde, seh ich.
Ich war in Wut. Bei klarem Verstand muß ich dich loben
für deinen Plan. Ich hätte selber helfen sollen dabei,
zum Brautbett dich begleiten und mich freun, die Braut dir zur
Hochzeit zu schmücken.
Wir sind halt, was wir sind, nichts Schlechtes, Frauen eben.
Du solltest dich nicht klein machen, und nicht herumstreiten mit mir,
einer dummen Frau.
Ich weiche der Vernunft und gebe zu, ich war im Irrtum und
habe schlecht von dir gedacht aus Eifersucht.
Jetzt weiß ich's besser.
Kinder, Kinder kommt und begrüßt den Vater.
Umarmt ihn, wie ich's tu. Wir sind versöhnt.
Gebt ihm die Hände!

Und hier in mir ist euer Leid beschlossen, verborgen,
aber unabänderlich.
Kinder, wie und wie lange noch werdet ihr leben?
Die kleinen Arme so zu jemand strecken?
ich bin schwach, ich weine, und die Furcht packt mich.

Nein, ich weine nur vor Glück: in höchster Not
doch noch versöhnt. Nur darum wein ich, Kinder.

KORINTHISCHE FRAUEN
Wir weinen auch, Medea,
laß kein größeres Leid mehr zu!

JASON
Ich lobe, was du sagst und bin dir nicht böse.
Natürlich mußt du mich hassen, wenn ich dich verlasse,
wie jede Frau den Mann haßt, der sich eine andre wählt.
Ich freu mich, daß nicht nur dein Verstand, daß dein Herz
erkannt hat, wie ich es mit dir meine.
Und noch nicht zu spät hast du deine Wut ja besiegt.
Ich hab's erwartet, denn du bist eine kluge Frau.
Für euch, Kinder, hab ich reichlich vorgesorgt
mit Gottes Hilfe.
Ich weiß, ihr werdet in Korinth, wenn ihr zurückkehrt,
noch die Ersten sein unter euern neuen Brüdern.
Ihr müßt nur wachsen, das andre schaffe ich für euch
und einer von den Göttern, der euch liebt.
Ich seh euch wieder, wenn ihr herangewachsen seid
und voller Kraft und jedem meiner Feinde überlegen.
Medea, warum wendest du dich ab und weinst schon wieder?
Warum freut dich denn nicht, wie ich zu meinen Söhnen spreche?

MEDEA
Nichts. Es ist nichts. Ich dachte nur an diese Kinder.

JASON
Sei nicht verzweifelt, für die sorg ich schon.

MEDEA
Ich bin's ja nicht und glaube dir.
Wir Frauen, wir scheinen zum Weinen nur geboren.

JASON
Wegen der Kinder mußt du doch nicht weinen.

MEDEA
Du rühmst dich schon mit ihrem Leben als hätten sie's gelebt.
Ich, die sie geboren hat, ich habe Angst um sie.
Ich bin verbannt, ich sehe ein, warum.
Ich will auch niemandem im Wege sein, ich bringe offenbar nur
Unglück.
Aber ich werde auf der Flucht sein, Jason. Wär's nicht besser,
du erziehst die Kinder mit deiner starken Hand?

Bitte doch Kreon, daß sie bleiben dürfen.

JASON
Ich weiß nicht, ob ich ihn überreden kann. Ich versuche es.

MEDEA
Befiehl doch deiner Liebsten, sie soll ihren Vater bitten.

JASON
Ja gut, sie wird mir schon gehorchen.

MEDEA
Sie ist doch eine Frau wie andre Frauen auch.
Und ich helfe dir dabei. Ich schicke ihr Geschenke,
die schöner sind als alles, was man unter Menschen bis jetzt
gesehen hat. Ich schicke sie ihr durch die Kinder.
Ein herrliches Kleid und Haarschmuck aus Gold getrieben.
Ich schicke eine Dienerin, den Schmuck zu holen.
Die wird nicht glücklich, nein, selig wird die, die dich,
den Tapfersten als Mann gewinnt und dazu diesen Schmuck,
der über meinen Vater aus der Hand des Sonnengottes selber kommt.
Nehmt die Geschenke, Kinder, und bringt sie der glücklichen Braut,
der Königstochter.
Sie wird an ihnen keinen Fehler finden.

JASON
Du brauchst doch deinen Besitz nicht zu verschenken.
Da wärst du doch dumm. Glaubst du, die haben nicht genug
an Kleidern und Gold in der Burg?
Behalt's für dich, du wirfst es weg.
Was braucht es auch Geschenke von dir, ein Wort von mir genügt.
Ich denke, ich zähle mehr bei ihr als Gold.

MEDEA
Geschenke überreden Götter, sagt man.
Und Gold wiegt mehr als Worte bei den Menschen.
Steht sie nicht hoch in ihrem Glück und stündlich mehrt es ihr ein Gott?
Sie wird in Herrscherlaune sein.

Kommt's anders, kämpfe ich nicht nur mit Gold,

ich setz mein Leben dafür ein, daß meine Söhne bleiben dürfen.
Geht Kinder, bittet die junge Frau des Vaters, unser aller
Königin, daß ihr bleiben dürft und gebt ihr diesen Schmuck.
Aber nur ihr selbst, gebt ihn ihr in die Hand!
Lauft und kommt bald zurück und bringt mir gute Nachricht.

KORINTHISCHE FRAUEN
Die Kinder werden nicht am Leben bleiben.
Ich habe keine Hoffnung mehr.
Da gehen sie in ihren Tod.
Die junge Braut, sie wird das Geschenk nehmen,
den Schmuck, den goldenen Schmuck und seinen tödlichen Fluch.
Den Tod selbst legt sie sich an,
den Tod selbst steckt sie sich ins Haar.
Der Glanz wird sie bestechen,
fast göttlich schimmert doch das Gewand.
Ja, sie wird sich als Tote im Reich der Toten,
als Braut des Todes wird sie sich schmücken.
Die Schönheit spannt ihr das Netz,
in dem sie sich fangen wird,
ein Netz des Todes.

Der die Kinder dorthin führt
zu seiner Braut, dessen Ehe kein anderes Ziel hat
als Unglück,
wie blind führt er die Kinder
in ihren Tod,
wie blind bringt er der Geliebten das Totengewand.
Jason wie blind schlägst du im Wasser, Ertrinkender!
Wie weit hat dieser Mann sich schon verirrt
in dem Dickicht seiner Dummheit.

Und du, Mutter, Medea,
ich weine deinetwegen,
die ihre Kinder ermorden will,
weil ihr Mann das Bett getauscht hat;
gegen alles Recht, ja,
lebt er jetzt mit einer andern zuammen,
ihr gehört, was du liebst.

PÄDAGOGE
Herrin, die Kinder werden nicht mit dir verbannt.
Die königliche Braut hat die Geschenke mit Freuden angenommen.
Es soll Friede sein.
Freut's dich nicht?

MEDEA
Ach!

PÄDAGOGE
Ich verstehe nicht, warum der Friede dich unglücklich macht.

MEDEA
Und schlimmer als du denkst.

PÄDAGOGE
Ich dachte, ich bringe gute Nachrichten. Es tut mir leid.

MEDEA
Ich bin dir nicht böse. Du sagst, was es zu sagen gibt.

PÄDAGOGE
Warum siehst du micht nicht mehr an? Warum weinst du?

MEDEA
Zuviel, zu schwere Not, mein Lieber.
Das haben die Götter, das hab ich selbst mit schwerem Grübeln
bis dahin gebracht.

PÄDAGOGE
Du solltest nicht verzweifeln. Du kommst zu deinen Kindern
irgendwann zurück.

MEDEA
Die Rückkehr führt an einen andern Ort.
O ich bin schwach!

PÄDAGOGE
Du bist nicht die einzige und nicht die erste,
der man die Kinder nimmt.

Du bist ein Mensch wie wir, gewöhne dich ans Unglück.

MEDEA
Ich gewöhne mich.
Geh du mit den Kindern ins Haus. Tut eure Arbeit wie gewohnt.
Kinder, und doch habt ihr eine Heimat,
ein schreckliches Haus,
in dem ihr wohnen werdet,
auf ewig getrennt von der unglücklichsten,
weg von der Mutter, für immer.
Ich gehe in ein anderes Land, auf immer flüchtig.
Wir werden getrennt, bevor wir glücklich waren,
ich werde euch nie das Brautbett richten,
euch nie die Braut zuführen,
nie die Fackel halten!
Ich selber bin mir das größte Unglück,
überheblich und unversöhnlich in meiner Wut.
Für nichts hab ich euch aufgezogen,
für nichts hab ich mich erschöpft und bin gealtert in Sorgen,
für nichts hab ich diese grausamen Schmerzen gelitten
bei eurer Geburt.
Ihr wart soviel an Hoffnung für mich.
Ihr würdet mir das Alter leicht machen, mir Unglücklicher,
ihr würdet mich sanft zum Totenbett führen, wenn die Zeit ist —
es gibt kein größeres Glück für uns Menschen.
Die süße Hoffnung ist dahin.
Getrennt von euch werd ich mich durch ein trübes Leben
schleppen voller Qual.
Ihr werdet mit den heißgeliebten Augen niemals mehr
eure Mutter anschaun,
am andern Ort das andre Leben lebend.
Geht, geht doch!
Faßt mich nicht mit euren Augen an,
fangt mich nicht mit eurem Lachen, eurem letzten.
Was tu ich, Frauen? Ich bin nicht mehr, ich habe keine Kraft,
wenn sie mich anschaun.
Ich kann es nicht. Weg mit allem, was ich gedacht habe.
Ich nehme meine Kinder mit.
Was zwingt mich denn zu dieser Rache an dem Vater,
ihm will ich Schmerzen antun, die mich selbst in Stücke reißen.

Die Rache trifft mich mehr als ihn.
Ich tu es nicht.
Nein, was geschieht mit mir? Will ich mich verhöhnen lassen?
Er ist mein Feind. Ich muß mich rächen.
Meine Feigheit schiebt diese süßlichen Gefühle vor.
Geht ins Haus, Kinder.
Und wenn ihr glaubt, meine Rache und was ich jetzt tue,
das könnte euch beflecken, geht heim, sorgt für euer Seelenheil.
Mitleid rührt mich nicht mehr an.
Tu's nicht. Was treibt dich? Tu's nicht, Wilde!
Laß sie, Verfluchte, lauf weg von deinen Kindern!
Schone sie. Flieh mit ihnen, du wirst glücklich sein mit ihnen.
Nein, die Götter der Rache stehn zu mir, ich habe ein Recht,
mich zu rächen.
Und niemals kann ich die Kinder meinen Feinden preisgeben.
Wie könnte ich sie schützen? Sie werden sie verhöhnen,
nein, Sklaven werden sie aus ihnen machen.
Ich muß es wollen. Es gibt keine Flucht.
Sie trägt auch schon das Netz. Stirbt schon an meinem Kleid.
Jetzt stirbt sie, ich weiß es.
Gut, dann geh auch ich jetzt meinen Leidensweg
und schicke die Kinder auf den schwersten.
Bring mir die Kinder!
Gebt mir eure Hände, ich will euch die Hände küssen.
Hände, Gesicht und Mund.
Ich liebe euch.
Seid glücklich dort.
Euch anschaun, euch atmen sehn, euch umarmen,
ich kann's nicht. Geht, ihr besiegt mich.
Ich weiß, was ich tue. Unmenschliche Greuel richte ich an.
Aber ich habe Gefühle und nicht nur Hirn —
ach, alles Schreckliche kommt von da.

KORINTHISCHE FRAUEN
Schon öfter
habe ich mich zu verstehen bemüht,
was Frauen nicht verstehen sollen.
Ich habe weiter zu denken gewagt,
als es uns Frauen erlaubt scheint.
Aber auch wir Frauen sind nicht ganz ohne

göttlichen Rat,
wir Frauen haben doch unsere Weisheit.
Wir sind nicht viele, die sie kennen,
und aussprechen können,
schwer ist für uns die Einsicht.
Aber ich weiß doch,
und das habe ich nun gelernt:
wer nie Kinder geboren hat,
ja, wer keusch lebt,
ist von allen Menschen der glücklichste.
Wer keine Kinder hat, sieht nicht ins Dunkel der Zukunft,
ob sie ihm Glück bringen oder Unglück.
Die da Kinder haben, sind lebenslang in Sorgen.
Wie soll es erzogen werden, das Kind,
wird es ausreichend Vermögen haben,
wird es ein guter, ein schlechter Mensch,
faul oder fleißig?
Er weiß nicht einmal, für wen er sich sorgt,
wird's ein Schuft, oder ein brauchbarer Mann?
Das entsetzlichste ist,
wenn du sie mit glücklicher Hand erzogen hast,
keine Armut sie drücken wird,
sie kräftig und tapfer und voller Hoffnung sind
und dann ist ein Gott dir Feind
— so wie hier —
und in den Hades schleppt die blühenden Leiber der Tod.
Wie soll ich verstehen, warum die Götter zu allem Leiden
uns dieses erfunden haben,
die eigenen Kinder sterben sehen!

SKLAVE
Du, du hast diese gottlose, grausame Tat getan.
Du mußt fliehen, Medea. Flieh, flieh,
mit dem Schiff oder Wagen, flieh.

MEDEA
Warum denn, was zwingt mich denn?

SKLAVE
Die Tochter des Königs ist tot.
Der König selbst ist tot.
Du hast sie ermordet mit Zauberei.

MEDEA
Du freust mich. Das sind gute Nachrichten.
Du tust mir wohl. Du bist mein Freund.

SKLAVE
Was redest du denn.
Denkst du nicht mehr richtig, bist du verrückt?
Dieses Verbrechen macht dir keine Angst.
Es freut dich noch!

MEDEA
Du verstehst es nicht besser.
Ich sagt dir nur, man kann's auch anders ansehn.
Bleib, lauf nicht gleich davon, Freund,
wie starben sie?
Es freut mich, du hast Recht. Es freut mich doppelt,
wenn ihr Tod grausam war. Erzähle!
Starben sie grausam?

SKLAVE
Als deine Söhne kamen und mit dem Vater
sogar ins Brautzimmer gingen,
da freuten wir uns, die Sklaven.
Wir hatten ja immer Mitleid mit dir.
Durchs ganze Haus ging das Gerücht, ihr hättet euch versöhnt,
dein Mann und du.
Wir küßten die Hände deiner Kinder, das blonde Haar,
wir alle, ich selber auch, wir gingen alle
lachend mit ihnen in die Frauenräume.
Die Herrin, der wir jetzt statt deiner gehorchen müssen,
sah die Kinder nicht gleich.
Sie sah ihren Jason an, verliebt.
Als sie die Kinder sah, da drehte sie sich weg.
Als wär es eine Sünde, sie anzuschaun, als könnten die Kinder
sie beflecken.

Aber dein Mann beruhigte sie,
er sagte,
daß die Kinder seine Freunde wären,
daß seine Freunde ihre Freunde sind,
daß sie herkommen soll und die Geschenke nehmen —
ja, die hatte sie noch nicht gesehen —
er sagte, sie soll den Vater bitten, daß die Kinder bleiben dürfen
und nicht mit dir verbannt werden.
Und da sah sie den Schmuck, das Kleid und sagte zu allem Ja.
Kaum war Jason mit den Kindern aus dem Haus
— sie gingen zu dir —
zog sie das Kleid an und befestigte das goldene Netz im Haar.
Sie ordnet ihren Kopfputz vor dem Spiegel
und lacht sich selbst,
ihrem toten Bild im Spiegel zu.
Sie stand auf und tanzte durch die Halle
und konnte nicht genug haben mit sich zeigen und
über die Schulter weg mit hochgereckten Hals sich selbst
im Spiegel anschaun — nicht genug.
Wir dachten, die Pracht ist ihr zu Kopf gestiegen.
Sie wurde blaß und wankte und faßte grade noch den Stuhl.
Ihre Amme dachte, daß ein Gott sie anfaßt,
daß Pan sie befallen hat und betete für sie.
Sie betete umsonst.
Bis sie den weißen Schaum auf ihren Lippen sah
und nur noch das Weiße in den Augen
und weiß wie tot war ihre Haut —
da schrie sie endlich, wir alle schrien.
Das Haus dröhnte von sinnlosem Laufen hin und her.
Bis endlich einer zum Vater rannte,
der andre Jason hinterher.
Sie lag da, solange wie ein Läufer für die Bahn im Stadion braucht,
dann fuhr sie auf aus ihrer Ohnmacht,
aber die Augen konnte sie nicht öffnen,
und sprechen konnte sie nicht, sie stöhnte nur.
Von zwei Seiten griff der Schmerz sie an,
ein zweifaches Heer von Qualen.
Das goldne Netz im Haar sprüht Feuer
und das Feuer frißt ihr Fleisch,
und ihr Fleisch frißt auch das Kleid.

Sie flieht, sie schüttelt das Haar, wie irre
wirft sie den Kopf als wollte sie ihn sich vom Halse reißen.
Aber jede Bewegung schürt das Feuer an.
Sie fällt zu Boden.
Ihr Fleisch ist ganz zerfressen und nicht einmal der Vater
könnte sie als sein Kind erkennen.
Sie hatte kein Gesicht mehr. Vom Kopf floß ihr das
blutvermischte Feuer,
ihr Fleisch floß ihr von den Knochen wie das Harz von Fichtenstämmen.
Ein Anblick, den kein Mensch erträgt,
kein Sterblicher sollte so etwas je sehen.
Wir sahen alle zu und keiner half ihr.
Wir fürchteten dein Gift und sahen, was uns davon drohte.
Da kam der Vater und ungewarnt stürzte er sich auf sein Kind,
umarmte das schmelzende Fleisch und küßte den Mund, wo keiner war.
‚Kind, welcher Gott hat sich so gräßlich zum Opfer
dich genommen? Welcher Gott hat mich, einen Schritt vom Grab,
verwaist?
Könnt ich mit dir tot sein!'
Er wurde stumm. Endlich wollte er aufstehn,
aber sein greiser Leib blieb hängen,
wie Epheu am Lorbeerbaum klebt er an seinem Kind.
Ihr Fleisch friß seines, und wo er sich mit Gewalt losreißt,
da hängt sein Fleisch in Fetzen an dem ihren,
die weißen Knochen werden sichtbar —
zuletzt versank er in ihr und starb.
Da liegen sie, Vater und Tochter, tot, ein Klumpen Fleisch.
Hier gibt es für mich nichts mehr zu weinen.
Von dir sag ich nichts.
Ich kenne dich, du wirst deiner Strafe entkommen.
Aber ich lerne nicht jetzt erst, daß, was sterben muß,
nichts ist.
Die da glauben, daß sie weise sind und was verstehn,
sind die Dümmsten.
In diesem Leben ist keiner glücklich.
Vielleicht durch Zufall weniger unglücklich, aber
selig wird keiner.

KORINTHISCHE FRAUEN
Heute, Jason, zahlst du wirklich für deine Schuld,
denn Schuld auf Schuld häuft der Gott auf dich!
Wie grausam mußte die unglückliche Tochter Kreons sterben:
für die Ehe mit dir ist Tod der Preis.

MEDEA
Freundinnen, ich habe mich entschieden, ich bringe
meine Kinder um. Sofort und ohne mich mit Nachdenken aufzuhalten.
Ich darf nicht zögern und die Kinder in fremde Hände fallen lassen,
die grausamer töten als meine.
Sie müssen sterben, so oder so. Also will ich sie töten,
ich, die sie geboren hat.
Ich zögre nicht,
ich tue das grausam Notwendige, das Schlechte.
Jammere nicht, Medea, verfluche dich nicht selbst, vergiß,
daß du sie liebst, vergiß, daß du sie geboren hast,
vergiß; die kurze Zeit, die ein Mord dauert vergiß,
daß sie Kinder sind.
Später kannst du um sie weinen.
Ich töte ja nicht, was ich hasse, sondern was ich am meisten liebe.
Ich Unselige.

KORINTHISCHE FRAUEN
Erde und alleserhellender Strahl des Helios
schaut herunter, seht die unbeherrschte Frau,
reißt sie zurück, bevor sie sich an ihren Kindern vergreift,
bevor die Mutter die eigenen Kinder ermordet.
Sie ist doch deine Enkelin, Licht, und also tötet sie
Enkel von Göttern.
Halte sie zurück, Licht, das von Gott kommt,
treib aus dem Haus den Spuk dieser Rachgier.

Willst du umsonst in Schmerzen geboren haben,
umsonst alle Qualen der Mutter durchlebt haben?
Schützt dein Wissen dich nicht vor der blinden Wut?
Dich, die weither kommt, die durch ärgere Finsternis
schon gegangen ist, wie kann die Mordgier dich packen?
Du tötest dich selbst, mit nichts kannst du den Mord
am eigenen Blut jemals sühnen.

Wohin über die Erde weg du auch fliehst,
unsagbare Qual schicken die Götter dir nach für ewig.

Hört ihr, hört ihr die Kinder schreien?
Du unselige, du glücklose Frau?

Du bist Stein,
du bist Stein, oder Eisen bist du,
die du selber geboren hast, töten,
mit deiner eigenen Hand sie erschlagen!
Dann stirb auch du selbst, wie die einzige, die
je vor dir das gewagt hat,
in finster-alten Zeiten, die Ino,
die wahnsinnig war. Aber sie stürzte sich selbst
ins Meer. Den Mord an ihren Kindern hat sie gesühnt.
Von steiler Küste stürzte sie sich ins Wasser,
gemeinsam starb sie mit ihren Kindern.

Welchen Schrecken könnte ich nach diesem Tag noch erleben,
nichts Böseres, nichts Schrecklicheres ist mehr möglich.
Daß wir Frauen sind! Alles Unheil kriecht
aus dem weiblichen Schoß ins Leben.

JASON
Was steht ihr hier herum! Ist Medea noch drinnen oder schon
geflohn? Sie hat sich diese Greuel doch ausgedacht.
Sie müßte ins Innerste der Erde kriechen oder ein Vogel
werden und in den höchsten Himmel fliehen, wenn sie entkommen
will. Aber sie kümmert mich nicht. Die Herrscher, denen
sie das angetan hat, werden's ihr heimzahlen, die werden
wissen, wie man sich rächt.
Ich muß die Kinder retten. Die Verwandten Kreons bringen sie um.

KORINTHISCHE FRAUEN
Du Ärmster, du weißt nicht, wie tief du schon im Unglück
steckst, so wie du redest.

JASON
Was ist denn, will sie mich auch töten?

KORINTHISCHE FRAUEN
Die Kinder sind tot. Ihre Mutter hat sie getötet.

JASON
Was sagt ihr? Sie will mich vernichten.

KORINTHISCHE FRAUEN
Glaub uns, sie sind tot.

JASON
Hier im Haus, oder wo, wo hat sie sie ermordet?

KORINTHISCHE FRAUEN
Öffne das Tor, dann siehst du den Mord.

JASON
Öffnet die Riegel, Sklaven, schnell, macht das Tor auf!
Ich will mein Leid sehen, mein zweifaches Elend!
Ich will sie töten, die getötet hat.

MEDEA
Was machst du dich am Tor zu schaffen?
Was suchst du die Toten und mich, die's getan hat?
Spar dir die Mühen.
Wenn du mich brauchst, sag, was du willst.
Du wirst dich nicht an mir vergreifen.
Diesen Wagen gibt mir des Vaters Vater, Helios —
ich bin nicht mehr erreichbar!

JASON
Du Dreck. Ich hasse dich. Dich hassen alle Götter,
wie ich dich hasse, das ganze Geschlecht der Menschen haßt dich.
Gegen die eigenen Kinder das Schwert heben,
dem Vater die Kinder morden,
mich zur kinderlosen Memme machen,
das tust du und du verkriechst dich nicht, du schaust
noch auf die Sonne und auf die Erde, du siehst das Licht noch,
du Verdammte, du Schänderin alles Heiligen.
Verrecke.
Jetzt kenne ich dich. Ich war ja blind — ich komme zur

Vernunft — ich war verblendet, als ich dich Unmensch
aus dem Land der Unmenschen auf unsern griechischen Boden
brachte, eine Barbarin, dich, mein Verderben, meinen Tod,
die ihren eigenen Vater verraten hat und ihr Vaterland.
Du Brudermörderin! Die Götter haben mir die Rache auf den Hals
gehetzt für deinen Brudermord. Ich hätte dich niemals
mit auf die Argo nehmen dürfen.
Das war dein Anfang, aus diesem Mordloch bist du gekrochen —
und ich habe dich geheiratet und habe dich Wölfin mir Kinder
gebären lassen, die du aus Eifersucht aufs Stoßen ermordest!
Keine Griechin würde sich so vergessen, keine.
Aber ich mußte dich, eine Fremde, diesen Unmensch, ihnen vorziehn.
Wofür, für eine Ehe in der Hölle.
Du Tier, du bist kein Mensch, eine blutgierige Wölfin.
Aber dich verwundet nichts, tausend Flüche machen dir keine Angst,
du bist ja schon verflucht geboren.
Weg, sei weg, du Schänderin, du Kindsmörderin.
Ich weine über mich.
Ich habe keine Zukunft, keine Freude.
Ich falle, was mich halten sollte, meine Braut und meine
Kinder,
hast du mir erschlagen.

MEDEA
Ich könnte mich rechtfertigen.
Aber Zeus weiß, was ich für dich getan habe
und was du zum Dank für mich getan hast.
Da drüben im andern Bett ein lustiges Leben haben,
mich mit eurer Lust verlachen,
mich ausstoßen, dem Hunger und der Sklaverei preisgeben,
selber satt sein.
Das durftest du nicht, und sie durft's auch nicht und
der Vater durfte dieses Unrecht nicht für Recht erklären.
Gut, ich bin ein Tier, ein blutrünstiges Ungeheuer,
ich bin kein Mensch, bin was du willst.
Ich habe dich getroffen — ich habe mich gerächt.

JASON
Ja, du leidest auch und in dem Leid bis du mit mir verwachsen!
Stört dich das nicht?

MEDEA
Ich leide gern, wenn du nicht lachen kannst.

JASON
Kinder, diese Böse war eure Mutter.

MEDEA
Kinder, diese Überheblichkeit hat euch getötet.

JASON
Ich hab sie nicht ermordet.

MEDEA
Deine Überheblichkeit und deine Geilheit haben sie getötet.

JASON
Ein bißchen Lust mit einer andern Frau und
deshalb bringst du Kinder um.

MEDEA
Wie groß muß denn die Kränkung sein.

JASON
Für eine kluge Frau ist das doch nichts. Nur dir ist alles bös.

MEDEA
Jetzt sind die Kinder tot,
jetzt lernst du, was Kränkung ist.

JASON
Die sind nicht tot. Dieser Mord wird dich ewig verfolgen.
Wahnsinnig sollst du werden. Sie werden für dich niemals tot sein.

MEDEA
Ich habe keine Angst. Die Götter kennen den Schuldigen.

JASON
Ja, sie kennen dein böses Herz.

MEDEA
Hör auf mit dem Gewäsch.

JASON
Und du mit deinem.
Wir können ja jetzt gehn.

MEDEA
Ich warte nur darauf. Du gehst ja nicht.

JASON
Gib mir die Kinder. Ich muß weinen dürfen.
Ich muß sie beerdigen.

MEDEA
Nein.
Ich werde sie selbst begraben. Hier auf der Burg, im Hain
der Hera. In heiligem Boden. Ich kenne meine Feinde, sie
schänden sonst auch noch das Grab.
Hier, dem Land des Sisyphos, werde ich ein heiliges Fest
und Weihen stiften, zur Sühne für den Mord.
Ich gehe nach Athen. Aigeus nimmt mich auf.
Aber du wirst sterben. Ruhmlos, zufällig erschlagen
von einem Balken, auf deinem schönen, morschen Schiff.

JASON
Die Dämonen der Kinder sollen dich verderben
und Dike, die blutgierige, soll dich in Stücke reißen.

MEDEA
Glaubst du ein Gott, ein Dämon hört dich,
der Meineide schwört, der die heiligen Rechte des Fremden
in fremdem Land mit Füßen tritt.

JASON
Daß dir das Maul verbrennt, du lästerst Gott, du Würgerin.

MEDEA
Warum bist du nicht da oben auf der Burg und
begräbst deine Braut?

JASON
Ich gehe. Was ich gezeugt habe, was ich als Mann war,
ist nicht mehr.

MEDEA
Du weinst ja nicht. Du lernst noch leiden, wenn du alt wirst.

JASON
Kinder, die ich liebe —

MEDEA
Ich habe sie geliebt, du nicht.

JASON
Warum erschlägst du sie dann!

MEDEA
Um dich zu strafen.

JASON
Laß sie mich noch einmal küssen,
laß mich noch einmal den lieben Mund —

MEDEA
Jetzt redest du mit ihnen,
jetzt willst du sie küssen,
grad noch hast du sie nicht gekannt
und in die Sklaverei verstoßen.

JASON
Ich bitte dich bei allen Göttern,
bei allem Heiligen, laß mich noch einmal diesen Leib anfassen,
laß mich noch einmal meine Kinder spüren.

MEDEA
Du redest Luft. Umsonst.

JASON
Zeus, hörst du sie?
Siehst du, was ich leide von dieser Kindesmörderin,

von diesem bösen Tier!
Ich will nur noch da sein, um dein Verbrechen in den Himmel
zu schreien, mit meiner ganzen Kraft will ich die Götter
gegen dich hetzen, die mir verwehrt, meine Kinder zu küssen,
meine Kinder zu begraben.
Wir sind keine Menschen, die das erleben.

Alexander Gruber
1937 in Ebingen auf der Schwäbischen Alb geboren. Studium der Germanistik, Anglistik und Politikwissenschaft, abgeschlossen als M.A.

Danach Arbeit als Lektor und Dramaturg im S. Fischer Verlag, dann Chefdramaturg der Bühnen der Stadt Bielefeld seit 1975. „Das Ende des Krieges" war seine dritte Regie-Arbeit.

Er ist auch als Verfasser mehrerer Kinderstücke hervorgetreten.

Alfred S. Kessler
Geboren 1945 am Tegernsee. Mehrere Jahre Dramaturg und Regisseur. Dr.phil., Magister Artium. Zur Zeit wissenschaftlicher Mitarbeiter am philosophischen Institut der Universität Würzburg. Alfred S. Kessler ist verheiratet mit der Souffleuse Martina Kessler. Sie haben zwei Töchter.

Peter Sommer
Am 1. September 1935 in Neustadt/Oberschlesien geboren. Seit 1947 in Westdeutschland: Herford, Detmold und Bielefeld.

Nach Volksschullehrerstudium (Kunst bei Prof. W. Pramann) und siebenjähriger Lehrtätigkeit Studium am Werkseminar in Düsseldorf, u.a. bei Heerich und Wiegand, anschließend Studium der Erziehungswissenschaften in Bielefeld; Abschluß: Diplompädagoge.

Seit 1972 Akademischer Oberrat für Bildende Kunst und ihre Didaktik an der Universität Bielefeld.

Peter Sommer ist mit der Künstlerin Dorothea Sommer verheiratet. Sie haben zwei Kinder.

Außer ihrem kleinen Haus in Bielefeld-Sennestadt haben sie dort auch einen kleinen Werkstatt-Laden, ein Atelier, das ständig Besuchern offensteht, und in dem laufend Ausstellungen der eigenen Werke und der befreundeter Künstler stattfinden.

Peter Sommer ist Bildhauer und Maler. Er hat eine Vorliebe für keramische Werkstoffe.

Das Bühnenbild für „Das Ende des Krieges" war seine erste Arbeit für das Theater.